T0146798

Modelo de Evaluación de Aprendizajes por
Competencias Profesionales para el Programa
de Ingeniería Mecatrónica de una Institución
de Educación Superior Colombiana

Modelo de Evaluación de Aprendizajes por Competencias Profesionales para el Programa de Ingeniería Mecatrónica de una Institución de Educación Superior Colombiana

por:

José Gregorio Contreras Fernández F.S.C

Una Disertación Aplicada Sometida al
Abraham S. Fischler College of Education,
en Cumplimiento Parcial de los Requisitos
Para la Obtención del Título de Doctor en Educación.

Para realizar pedidos de este libro, contacte con:
Palibrio
1663 Liberty Drive, Suite 200
Bloomington, IN 47403
Gratis desde EE. UU. al 877.407.5847
Gratis desde México al 01.800.288.2243
Gratis desde España al 900.866.949
Desde otro país al +1.812.671.9757
Fax: 01.812.355.1576
ventas@palibrio.com
793249

TABLA DE CONTENIDOS

TABLAS

FIGURAS

Página de Aprobación

Esta disertación aplicada fue presentada por José Gregorio Contreras Fernández, bajo la dirección de las personas que se mencionan a continuación. Fue entregada a la Abraham S. Fischler College of Education y aprobada en cumplimiento parcial de los requisitos para la obtención del título de Doctor en Educación en la Nova Southeastern University.

Francisco Vital, EdD.
Presidente del Comité

Pedro Hernández, EdD.
Miembro del Comité

Kimberly Durham, Psy.D
Decana Interina

Declaración de Originalidad de la Disertación Aplicada

Yo declaro lo siguiente:

He leído el Código de Conducta y Responsabilidad Académica como se describe en el Manual del Estudiante de Nova Southeastern University. Esta disertación aplicada representa mi trabajo original, excepto cuando he reconocido las ideas, las palabras, o material de otros autores.

Donde las ideas de otro autor se han presentado en esta disertación aplicada, he reconocido las ideas del autor citándolo en el estilo requerido.

Donde las palabras de otro autor se han presentado en esta disertación aplicada, he reconocido las palabras del autor mediante el uso correcto de las citas de cotización correspondientes en el estilo requerido.

He obtenido el permiso del autor o editor de acuerdo con las directrices necesarias a incluir cualquier material con derechos de autor (por ejemplo, tablas, figuras, instrumentos de estudio, grandes porciones de texto) en este manuscrito de disertación aplicada.

José Gregorio Contreras Fernández F.S.C.

_____

Nombre

11de enero de 2017

_____

Fecha

Resumen

Modelo de Evaluación de Aprendizajes por Competencias Profesionales para el Programa de Ingeniería Mecatrónica de una Institución de Educación Superior Colombiana. José Gregorio Contreras Fernández F.S.C., 2016: Disertación Aplicada de Nova Southeastern University, Abraham S. Fischler College of Education. Palabras claves: competencies, evaluation, mechatronics engineering, Colombia, qualifications.

El tema en el que se enfoca la investigación hace referencia a la evaluación del aprendizaje con énfasis en el desarrollo de competencias para ser evaluadas bajo criterios específicos y homogéneos desde la perspectiva de certificación internacional contenida y requerida por el Marco Nacional de Cualificación (MNC) de Colombia.

El propósito de este estudio, al crear un modelo de evaluación de aprendizajes por competencias es contribuir a los futuros diseños sobre la política pública colombiana en materia de educación superior, especialmente porque en la actual coyuntura nacional se está reformulando todo el sistema educativo en todos sus niveles incorporando en este diseño, para el caso del nivel superior de formación, la estructuración de un Marco Nacional de Cualificaciones.

El trabajo que se presenta aquí, servirá de base para la creación de otros modelos de evaluación que integren en un mismo sistema las exigencias internacionales, los datos y estructuras del contexto colombiano y una conveniente articulación con el sector productivo.

La investigación muestra cómo, en el caso concreto de una Institución de Educación Superior colombiana, el planteamiento de un modelo de evaluación por competencias es una ocasión para la revisión y el replanteamiento de su propia estrategia educativa, así como para la adecuación y optimización de procesos académicos y administrativos claves al interior de la misma.

El estudio concluye proponiendo un modelo de evaluación por competencias orgánico, integrado en un Marco de Cualificaciones, y estructurado por competencias específicas y criterios de evaluación secuenciados, pertinentes y ajustados tanto a los parámetros internacionales, como a las necesidades de la industria nacional.

Capítulo 1: Introducción

La evaluación de los aprendizajes es un componente del proceso educativo que cada vez cobra nuevos significados ya que las nuevas tecnologías afectan directamente los procesos de enseñanza y de aprendizaje; los cambios que se constatan en dichos procesos implican una nueva postura pedagógica que ayude a combinar tanto los avances didácticos con los avances en las disciplinas, y en este caso, de la ingeniería.

En este camino de búsqueda y de nuevas alternativas de evaluación de aprendizajes es de gran relevancia y pertinencia estructurar nuevos modelos de evaluación donde se tenga en cuenta las nuevas competencias desarrolladas por los estudiantes, de tal forma que les permita a los profesores evaluar los aprendizajes de los jóvenes que participan en programas de educación superior bajo criterios asertivos y unificados.

El modelo de evaluación de la Universidad Colombiana debe permitirle tanto a los estudiantes como a los profesores, identificar elementos fundamentales como los procesos de enseñanza que se pretenden desarrollar, los procesos de aprendizaje que se pretenden fortalecer y de manera especial los procesos de desarrollo humano que se buscan desplegar o tener en cuenta a la hora de evaluar el rendimiento de los jóvenes de los programas de educación superior. Según lo anterior, en los procesos de evaluación concurren los diferentes actores involucrados en el proceso de enseñanza y aprendizaje, y por lo tanto "en la elaboración del modelo deben participar en diferentes formas todos los integrantes de la comunidad educativa" (Moncada, 2011, p. 28), lo que quiere decir que los mecanismos de participación no deben circunscribirse únicamente al momento de aplicación de las estrategias de evaluación, sino que deben ampliarse a las estrategias de diseño y creación de los modelos de evaluación.

En la actualidad, el sector empresarial busca garantizar la calidad de sus productos a través del aseguramiento de la calidad de sus procesos. En lo que tiene que ver con el personal quien tiene a cargo un determinado proceso, la calidad se logra asegurando que posee y aplica adecuadamente las competencias específicas de su campo, las cuales tienen que ver especialmente con el saber-hacer en contexto. Muchos procesos de certificación de la calidad por el cual pasan empresas e industrias tienen en cuenta la cualificación de su personal, la cual se mide por el desarrollo de las competencias profesionales del mismo; esto quiere decir, para el caso de la evaluación, que le es imperioso adoptar un enfoque basado en las competencias.

Dichas competencias varían según los campos de saber específicos y han sido normalizadas por varias instituciones (ORACLE, SISCO, NCCER, BTEC, entre otras muchas) que buscan lograr un consenso sobre la serie de competencias que debe tener un ingeniero para desempeñar un empleo específico. Las instituciones de educación superior que forman en ingeniería no son ajenas a este proceso y buscan certificar la enseñanza por competencias de sus ingenieros bajo normativas internacionales lo cual trae como valor agregado la posibilidad de movilidad global de sus egresados, y la normalización de procesos desde el mismo ejercicio profesional.

Colombia no es ajena a ese fenómeno, pues actualmente se está estructurando el Marco Nacional de Cualificación (MNC), bajo criterios muy similares al modelo europeo; esto exige un diálogo abierto entre universidad, estado, empresa y sociedad civil, para ponerse de acuerdo sobre cuáles deben ser las competencias que se les están exigiendo actualmente a los profesionales que salen de las universidades. La presente investigación pretende hacer una propuesta institucional de lo que deben ser los criterios para un modelo de evaluación de aprendizaje por competencias profesionales para una institución de educación superior colombiana en el área de la Ingeniería Mecatrónica, teniendo en cuenta los diferentes criterios que están exigiendo las certificaciones internacionales.

Antecedentes

El Sistema de Educación Superior colombiano es muy diverso; presenta universidades, instituciones de educación superior (IES), de acuerdo con su naturaleza (pública o privada); también presenta varios niveles (técnicos, tecnológicos, instituciones universitarias y universidades), sus modalidades (presenciales, a distancia y mixtas), su orientación (docente, docente con investigación limitada a áreas específicas y de investigación), su alcance disciplinar, su carácter secular o religioso y su cobertura (nacional o regional). Como se puede percibir, configuran una gran diversidad de ofertas institucionales en la Educación Superior, situación que debe ser contemplada, reconocida y valorada por el Sistema de Aseguramiento de la Calidad y particularmente por el Sistema Nacional de Acreditación, cuando se deban acreditar como instituciones de calidad. Esto ha llevado a que en Colombia se tengan nuevos lineamientos en torno a la acreditación de calidad, la cual ha sido encargada por el Ministerio de Educación Nacional (MEN) al Consejo Nacional de Acreditación (CNA, 2014, p. 5).

El Departamento Nacional de Planeación (DNP) y el Ministerio de Educación Nacional MEN) han planteado por requerimiento del Banco Interamericano de Desarrollo (BID) y la Organización para la Cooperación y el Desarrollo Económico (OCDE), la necesidad de que el país adopte en sus diseños curriculares el desarrollo de competencias. Según lo anterior, Colombia debe replantear dichos diseños curriculares para poder continuar en la OCDE, con una nueva visión y postura frente al mundo competitivo que le rodea, si es que desea seguir recibiendo apoyo internacional. De aquí que el país ha venido dando avances al respecto, lo cual se puede evidenciar consultando el documento oficial del gobierno colombiano, elaborado por el Ministerio de Educación Nacional en asociación con el Banco Interamericano de Desarrollo (BID) y la (OCDE), donde se pueden encontrar las diversas estrategias que el país se propone implementar (OCDE & Banco Mundial, 2013)

Las Instituciones de Educación Superior (IES) colombianas actualmente están iniciando procesos de acreditación de sus programas, lo cual requiere una revisión rigurosa de los mismos, por lo cual es necesario que se tenga sustentado todo su quehacer pedagógico y tecnológico. Entre los requerimientos exigidos está el modelo de evaluación de aprendizajes por competencias el cual debe quedar bien estructurado, de modo que a la hora de presentarse al Consejo Nacional de Acreditación (CNA) la comunidad educativa pueda dar razón de ello, tal como se puede resaltar en la característica 12 del manual de lineamientos de acreditación del CNA para las IES colombianas. (CNA, 2014, p. 35).

En Julio de 2010, el gobierno nacional a través del Consejo Nacional de política Económica y Social, emitió el CONPES 3674 sobre lineamientos de política para el fortalecimiento del sistema de formación de capital humano, el cual pretende generar una nueva dinámica en torno a la cualificación del capital humano que ejerce una serie de competencias laborales y profesionales en determinados campos del sector productivo:

Diseñar e implementar herramientas que permitan el reconocimiento y certificación de las competencias, habilidades y conocimientos del capital humano con el fin de dar al sector productivo las señales que necesita para definir sus necesidades ocupacionales, se potencien la articulación al interior de todo el sector de formación, a favor de una política de valoración de conocimientos, aprendizajes y experiencias que fomenten la acumulación de capital humano en la población colombiana (CONPES, 2010, p.3).

Establecimiento del Problema

El problema de investigación es: la ausencia de un Marco Nacional de Cualificación que permita evaluar los aprendizajes por competencias profesionales, bajo criterios específicos y homogéneos desde la perspectiva de certificación internacional, para los programas de ingeniería Mecatrónica en instituciones de educación superior colombiana.

Tema

El tema en el que se enfoca la investigación hace referencia a la evaluación del aprendizaje con énfasis en el desarrollo de competencias para ser evaluadas bajo criterios específicos y homogéneos desde la perspectiva de certificación internacional contenida y requerida por el Marco Nacional de Cualificación (MNC) de Colombia.

Justificación del estudio

La educación superior colombiana, dentro del proceso de acreditación de alta calidad en sus programas de ingeniería, requiere presentar argumentos que evidencian aspectos de éxito y excelencia, que facilitan a sus egresados la vinculación con la empresa y las industrias (Misas, 2004, p. 21).

En la actualidad, hay una inmensa variedad de competencias reflejadas en los planes y programas formativos pero en aras de unificar un mismo lenguaje, urge la necesidad de llegar a un consenso sobre las competencias genéricas, es decir, aquellas que son evaluadas en la prueba nacional SABER PRO de los programas que tienen Registro Calificado, para poder funcionar a nivel nacional e internacional (Celis Giraldo, 2013, p. 30)

El Plan Nacional de Desarrollo (PND 2014-2021) en su artículo 54, prevé la creación del Marco Nacional de Cualificación (MNC), de modo que se puedan certificar las competencias laborales y profesionales de los jóvenes que se desean incorporar al sector productivo; desde el año 2010, la nación se viene preparando para asumir estas nuevas exigencias educacionales referidas a la acreditación de programas en educación superior, pero faltaba el diseño de una política que lo asumiera y es así como a través del PND 2014-2021, no solamente se define la política sino que se crean los dos estamentos que liderarán el proceso de cualificación y de movilidad estudiantil a través de créditos con reconocimiento nacional e internacional, "El Gobierno Nacional, a través del Ministerio de Educación Nacional, construirá y reglamentará el Marco Nacional de Cualificaciones, el Sistema Nacional de Acumulación y Transferencia de Créditos, y el Sistema Nacional de Calidad de la Educación Superior. El MNC y el SNATC se implementarán de manera paralela, y con integración a los Sistemas de Información" (DNP, 2015, p. 24).

En su quehacer pedagógico, las Instituciones de Educación Superior (IES), técnicas y tecnológicas cuentan con una metodología muy propia, como lo es la de aprender haciendo; de ahí el porqué de la importancia de las competencias, no meramente laborales sino también las profesionales específicas de cada programa. En la actualidad, hay una inmensa variedad de competencias reflejadas en los programas formativos, pero en aras de unificar un mismo lenguaje, urge la necesidad de llegar a un consenso sobre las competencias genéricas, es decir, aquellas que evalúa la prueba nacional SABER PRO en los programas que tienen Registro Calificado, para poder funcionar a nivel nacional y que son propias de las IES técnicas y tecnológicas, en lo que a programas de ingeniería se refiere (Winter & Maisch, 1996, p. 2).

Una vez se logre consenso en torno al tópico de las competencias, se entrará a consensuar sobre los tres procesos que garantiza la institución para la cual se realizara el presente estudio, como lo son los procesos de enseñanza, los de aprendizaje y los de desarrollo humano, de modo que el elemento didáctico y pedagógico sea hablado de igual manera en un lenguaje que permita no solo unificar, sino también plantear grandes metas para el buen desempeño de profesores y estudiantes (Contreras, 2014).

Si se tiene claro lo que se pretende, se unifican los criterios de evaluación y si se articulan las diversas prácticas pedagógicas a las diversas formas de evaluación con directrices claras y precisas, lo más lógico es que durante el proceso de ejecución (Enseñanza-Aprendizaje) se logren alcanzar las metas previstas y se alcance el desarrollo de las competencias programadas. Lo anterior permitirá un proceso recíproco de desarrollo cualitativo de la formación, en donde estudiantes y maestros retroalimentan y enriquecen el proceso y por ende la institución logrará alcanzar los niveles de calidad previstos en cada uno de los programas.

Pero, ¿qué se pretende resolver con este proyecto de investigación? Específicamente, al momento de plantear el problema de investigación, en la institución, objeto de estudio para la presente investigación, se pudieron detectar algunas deficiencias o necesidades que pueden ser superadas si se estructura un modelo de evaluación que oriente los procesos de evaluación de los aprendizajes.

Entre los argumentos que sustentan la necesidad de elaborar un modelo de evaluación de aprendizajes por competencias está la ausencia de criterios para evaluar unificadamente los aprendizajes de los estudiantes y de un Modelo de Evaluación Institucional de los aprendizajes de los estudiantes. También la necesidad de instrumentos para evaluar a los estudiantes, insatisfacción de los estudiantes por la evaluación, poca claridad en información sobre la evaluación en la institución, así como del modelo de evaluación que aplica y una contradicción en la práctica evaluativa, puesto que una cosa es la que se plantea en los programas formativos y otra la que se desarrolla en el aula de clase. Se encuentra que no hay claridad conceptual sobre las competencias que deben ser evaluadas en los diferentes cursos ni unidad de criterios frente a las competencias propias de las ingenierías ofrecidas y cursadas en la institución. Existe una gran variedad de criterios y cada profesor tiene identificadas sus propias competencias en los programas y por ende, al agruparlas son muy heterogéneas. Así mismo, las competencias evaluadas distan mucho de las que se evalúan en las certificaciones internacionales para mecatrónica tales como BTEC, NCCER Y WORK SKILL.

A la hora de argumentar con algunos profesores o directivos, de la institución objeto de estudio, algunas de las razones que se esgrimieron fueron que no se perciben claramente criterios para evaluar unificadamente los aprendizajes de los estudiantes, que no existe un modelo institucional de evaluación por competencias para el rendimiento de los estudiantes. También se percibió que los intentos hechos por llegar a un modelo de evaluación institucional son muy deficientes y que cada uno de los docentes se adapta a las directrices institucionales, pero éstas no llegan a constituirse en un modelo de evaluación de aprendizajes por competencias. Esto se puede ver también en la insatisfacción del estudiantado, pues no ven coherencia ni consistencia y mucho menos pertinencia entre lo enseñado-aprendido y lo evaluado puesto que no hay suficiente claridad sobre los criterios, las competencias, los rendimientos y las metas que se deben evaluar en los programas ofrecidos por la institución.

Además, fue interesante percibir cómo cada uno de los docentes le pone a la evaluación de aprendizajes su toque personal, su ritmo e interpretación lo que hace que se perciba inconformidad en docentes y estudiantes por falta de unificación de criterios para evaluar aprendizajes por competencias. La no existencia de un manual claro y preciso sobre la evaluación de aprendizajes por competencias, frente a tanta variedad de información, deriva en mucha desinformación y poca unidad de criterios frente a la evaluación.

Debido a esto, entre los profesores existe claramente la necesidad de ponerse de acuerdo en el modelo de evaluación de aprendizajes por competencias que se debe implementar en la institución de manera unificada, por lo que se percibe interés entre los profesores de incorporar elementos innovadores que permitan la unificación del lenguaje en evaluación, así como también se percibe la necesidad y el interés de evaluar competencias profesionales que apunten a procesos de certificación internacional, exigidos por la industria mecatrónica.

También se intuye la importancia de este tipo de investigación, en la institución objeto de estudio, ya que con ella se alcanzarían logros notables en relación a los cuestionamientos hechos por profesores y estudiantes sobre la situación problemática planteada y a las razones que justifican un estudio como el que se propone lo cual le permitirá a la institución donde se llevará a cabo este estudio:

1. Contar con un modelo de evaluación por competencias para evaluar los aprendizajes de los jóvenes participantes en los programas de educación superior, y favorecer la satisfacción de los estudiantes a la hora de ser evaluados.
2. Unidad de criterios en la evaluación del rendimiento académico de los estudiantes.
3. Tener un documento institucional que unifique el lenguaje entre el profesorado y los estudiantes sobre la evaluación de los aprendizajes por competencias del estudiantado.
4. Avanzar en la evaluación de los aprendizajes de los estudiantes por competencias, bajo criterios claros inspirados en Normas nacionales e internacionales.

Definición de Términos

Es importante y necesario en la presente investigación tener claridad sobre algunos términos o variables que le servirán de sustento, de modo tal que las personas que entren en contacto con ella, puedan identificarlos y comprenderlos dentro del ámbito del tema pedagógico. A continuación, se presentan:

Aprendizajes: Es un proceso de adquisición de saberes, habilidades y destrezas que le permiten a una persona desenvolverse en la vida. "El aprendizaje se produce gracias al ambiente socio cultural que lo envuelve" (Hernández Hernández, 1991, p. 250)

Competencia: Es el resultado de un proceso que parte desde el desarrollo de hábitos, que generan una serie de habilidades, las cuales con una continua retroalimentación se convierten en destrezas, las que después de una mayor profundización y retroalimentación se convierten en capacidades; solo cuando se llega a este punto en un campo determinado del sentir, del hacer, del expresar, del saber e inclusive del ser, se puede afirmar que una persona es competente.

"Capacidad de los estudiantes de analizar, razonar y comunicarse efectivamente conforme se presentan, resuelven e interpretan problemas en una variedad de áreas" (OCDE, 2004, p. 2)

Evaluación: Es el proceso de verificación de las diversas evidencias que le permite al docente o al estudiante dar razón de sus logros. Tiene que ver con la "Apreciación de los logros obtenidos a la luz de los planes u objetivos propuestos, se refiere al juicio sobre las decisiones y desempeños educativos"(Flórez Ochoa, 1999, p. 209).

Marco Nacional de Cualificación: Para la OECD un MC "es un instrumento para el desarrollo y clasificación de cualificaciones de acuerdo a un conjunto de criterios sobre los niveles de aprendizaje logrados. Este conjunto de criterios puede estar implícito en las cualificaciones en sí mismas o hacerlos explícitos en los descriptores de niveles. El alcance de los marcos puede comprender todos los logros y rutas de aprendizaje o puede circunscribirse a un sector o nivel educativo en particular (OECD, 2013)teacher appraisal, school evaluation, school leader appraisal and education system evaluation. However, they often face difficulties in implementing evaluation and assessment policies. This may arise as a result of poor policy design, lack of analysis of unintended consequences, little capacity for school agents to put evaluation procedures into practice or lack of an evaluation culture.", "URL": "http://dx.doi. org/10.1787/9789264190658-en", "ISBN":"978-92-64-19064-1",

"shortTitle": "Synergies for better learning", "language": "English",
"author":[{"family": "OECD", "given":""}], "issued":{"date-
parts":[["2013"]]}, "accessed":{"date-parts":[["2016",3,6]]}}}],
"schema": "https://github.com/citation-style-language/schema/
raw/master/csl-citation.json"}.

Propósito de estudio

La presente investigación se propone elaborar un modelo de
evaluación de aprendizajes por competencias profesionales, bajo los
criterios de la perspectiva de certificación internacional vigentes
para el programa de Ingeniería Mecatrónica ofrecido por una
institución de educación superior colombiana (MNC).

Capítulo 2: Revisión de Literatura

Antes de entrar en materia, el presente capítulo pretende tener un acercamiento global a los diferentes matices que mostrará la presente investigación, partiendo desde la conceptualización de evaluación, para luego adentrarse en los elementos propios que debe contemplar un modelo pedagógico como lo son los procesos de enseñanza, aprendizaje y desarrollo humano. Una vez clarificados estos elementos se procede a profundizar en la materia de este estudio de tal manera que se pueda tener claridad sobre lo que implica la evaluación de aprendizajes desde la perspectiva de competencias.

Perspectiva pedagógica de la evaluación

¿Por qué empezar con la conceptualización de la evaluación y no con el modelo pedagógico, que sería el inicio que dicta la lógica? Justamente porque lo que se busca comprender en este estudio es que la evaluación arroja una luz sobre el diseño educativo que contribuye de manera fundamental a su estructuración. De aquí que no pocos autores insistan en ubicar a la evaluación en el primer momento del diseño de estrategias de enseñanza-aprendizaje y no al final como se acostumbra. Comúnmente, cuando la evaluación se contempla al final y de manera separada de los procesos anteriores de diseño educativo, queda desarticulada del resto de componentes llegando incluso a constituirse como un ente separado del conjunto, convirtiendo el proceso de enseñanza-aprendizaje en una experiencia dual (podríamos atrevernos a decir que bipolar) de enseñar de una manera y evaluar de otra. Ya se podrá ver en el siguiente desarrollo, cómo la reflexión sobre la evaluación contribuye a la mejor elaboración de estrategias concretas de un modelo pedagógico.

La evaluación es uno de los aspectos más significativos y que mayor relevancia presenta a la hora de hablar del acto educativo; es compleja ya que su finalidad consiste en "conocer, motivar, medir y revisar" los diferentes aspectos que se presentan a lo largo y ancho del proceso (Suárez Díaz, 1980, p. 108). En este sentido, la evaluación es una estrategia integral que no sirve únicamente para la medición de aprendizajes y, por lo tanto, en el presente capítulo se pretende abordar en un principio las generalidades de la evaluación para entender el marco general, y luego comprender de manera específica la evaluación de aprendizajes y de forma particular, la evaluación por competencias.

La clave de la evaluación se puede percibir en la voluntad de someter a la crítica de manera constante el proceso de enseñanza-aprendizaje: este cuestionar permite comprender a profundidad las diferentes dimensiones (Ser, Saber, Hacer, Sentir y Expresar); dentro de estas "dimensiones se debe considerar al alumno, el proceso, el profesorado y los medios" (Prendes Espinosa & Castañeda Quintero, 2010, p. 142).

Las dimensiones mencionadas anteriormente se pueden describir de la siguiente manera: Entender al profesor y al estudiante como personas que buscan su realización personal (Ser), con unos sentimientos, afectos y pasiones que le mueven por vivir cada momento al máximo (Sentir); con unas habilidades de comunicación que le permiten hablar, escuchar, leer y escribir (Expresar). Con potencial para crear e innovar, en donde continuamente se retroalimenta el quehacer tanto del maestro como del alumno (Hacer), a partir del conocimiento que mutuamente se construye (Conocer) (Contreras, 2014, p. 19)

Paralelo a lo anterior, se pueden rescatar tres aspectos que simultáneamente a las dimensiones de la persona de los procesos de enseñanza-aprendizaje y de los procesos de desarrollo humano, interactúan con ellos y son las Actitudes (Gustos), las Aptitudes (Potencial Cognitivo) y lo que no puede faltar, lo Conceptual (los Contenidos). Tal como lo muestra la Figura 1, el acto educativo más que una serie de procesos, es una dinámica interactiva donde el centro de todo el quehacer es la persona:

Figura 1. Elementos que Contempla la Evaluación. Fuente: José Gregorio Contreras Fernández, 2012. Elaboración propia.

En síntesis, se puede decir que la evaluación comprende la reflexión y juicio sobre tres procesos (enseñanza, aprendizaje y desarrollo humano) en relación con tres dimensiones humanas (conceptual, aptitudinal y actitudinal). En la puesta en marcha concreta de la relación entre estos procesos y estas dimensiones se podrá comprender más adelante, por qué la formación (y por lo tanto la evaluación...) por competencias constituyen el mejor lugar donde desarrollar esta relación.

Conviene pues en este momento, pasar a enunciar en sí mismos los procesos de enseñanza, aprendizaje y desarrollo humano y su relación con la evaluación; esto es, realizar un recorrido por los elementos que constituyen un modelo pedagógico y que enmarcan y dan sentido al proceso de evaluación.

Con respecto a los procesos de enseñanza, es evidente que cada persona es única e irrepetible tal como lo sugiere el filósofo francés del existencialismo católico y padre del Personalismo, Emanuel Mounier (Mounier, 2002); esto implica que el maestro al momento de enseñar debe partir de lo diferencial de cada uno de sus alumnos, lo que hace que la enseñanza sea innovadora. Cuando la enseñanza pierde este aspecto se vuelve masificadora, repetitiva, domesticadora y se vuelve a caer en los pecados capitales de la educación (Suárez Díaz, 1980, pp. 47–51)

Al hablar de procesos de aprendizaje se requiere detenerse en el actor, quien tiene interés por adquirir nuevos conocimientos; esa persona que es inacabada y en continua transformación, usa sus propios métodos para hacerse del conocimiento, algunos muy eficaces otros de pronto muy deficientes; esto último depende de algo que se debe tener en cuenta y es que cada uno de los alumnos tiene su ritmo propio de aprendizaje y por ende, así como a la hora de enseñar se tiene en cuenta su particularidad, él ratifica a través de su forma de aprender que todo depende de sus capacidades, de sus hábitos, de sus destrezas, y competencias (Lupiáñez Gómez & Rico Romero, 2008, p. 38).

Y por último no se debe descartar el principal proceso de todo lo que se ha venido abordando hasta el momento, como lo es el proceso de desarrollo humano. ¿Cómo concebir el aprendizaje o la enseñanza sin tener en cuenta el proceso de desarrollo humano en el que cada uno de los dos agentes del acto educativo hace parte? Es decir que tanto el que aprende como el que enseña tienen una historia propia, con unos valores, fortalezas, capacidades, cualidades, debilidades, dificultades y expectativas.

Modelo Evaluativo de aprendizaje por competencias

Los modelos evaluativos se corresponden a los modelos educativos y se subordinan a estos. Los cambios en los paradigmas educativos repercuten en los modelos de evaluación y, por lo tanto, la comprensión que se haga de la evaluación tiene que ver con las definiciones estratégicas que se hagan del modelo educativo. El principal cambio que se constata aquí es el de un proceso de formación y por lo tanto evaluación de conocimientos, a un proceso de formación y evaluación de competencias.

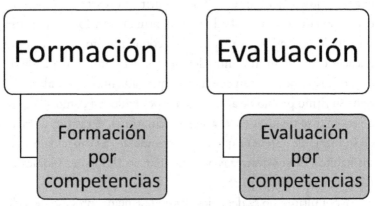

Figura 2. Correspondencias entre los modelos de formación y los modelos de evaluación.

A lo largo de la historia de la humanidad, la concepción de aprender y de enseñar y hasta el mismo concepto de persona han venido sufriendo trasformaciones, lo cual ha permitido la generación de nuevas corrientes o concepciones pedagógicas y por ende las dinámicas y prácticas varían de un modelo a otro (Ver Figura 3).

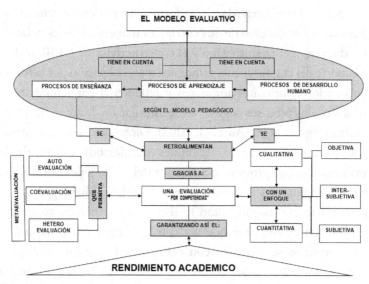

Elaborada por: José Gregorio Contreras

Figura 3. El Modelo Evaluativo. Fuente: José
Gregorio Contreras Fernández (2012).

El trasfondo pedagógico tiene que ver mucho con los modelos
pedagógicos, los cuales a través de la historia han recibido una
serie de nombres que los identifican y los diferencian unos de
otros. Es importante ver cómo cada uno de ellos busca dar razón
históricamente a cada uno de los procesos que abordará el modelo
de evaluación por competencias, entre estos diferentes modelos
pedagógicos se podrá encontrar respuestas que se complementan
a lo largo de la historia. La reflexión pedagogía en su desarrollo
histórico, lo hace con sustento epistemológico e histórico de aquí
la importancia de poder conocer el caminar de estas escuelas
pedagógicas que actualmente han traído el discurso, hasta llegar
a un tema como lo es el de las competencias (Abbagnano &
Visalberghi, 1987). En este estudio interesan las teorías sobre el
aprendizaje que son las que justamente dan base a un modelo de
evaluación del *aprendizaje.*

17

Según Fernández-March, la formación por competencias "se basa en el reencuentro de dos corrientes teóricas en las ciencias de la educación: el cognitivismo y el constructivismo" (2010, p. 13). El aporte del cognitivismo, radica en su preocupación por la forma en que los estudiantes adquieren y retienen el conocimiento en relación a los procesos cognitivos de asimilación de aprendizajes de manera significativa (Ausubel, 2002). Dichos procesos cognitivos son puramente procesos mentales de descodificación de la información que proviene del exterior del sujeto y de codificación de dicha información en estructuras mentales. A dicho proceso de codificación, el cognitivismo lo llama estructuración cognitiva. La estructuración tiene que ver con la manera como un nuevo conocimiento se relaciona con otros: causa – efecto, jerarquía, determinación etc., así como con la manera en que el nuevo conocimiento encuentra su propio grado de evolución (por ejemplo, la evolución por estadios que va de periodos sensomotores a periodos de operaciones formales en Piaget (1985)). Cuando un conocimiento logra estructurarse cognitivamente se logra un aprendizaje significativo; sin embargo, no todas las estructuraciones cognitivas son eficaces o correctas: conocemos el caso de los "malos aprendizajes" es decir, ideas muy fijas en la mente, pero erróneas. Dichos conocimientos inadecuados o incluso falsos entonces deben pasar un proceso de re-estructuración que sólo es posible a través de una acción de modificabilidad cognitiva en razón de necesidades de adaptación o asimilación.

La modificabilidad cognitiva entiende al cerebro humano como un sistema abierto capaz de transformarse de acuerdo a las condiciones y estímulos del ambiente y por lo tanto supone ya no únicamente procesos internos a la mente sino fundamentalmente interacciones con el ambiente y con otros individuos y la sociedad en su conjunto.

Aunque las teorías del aprendizaje de base cognitivista centran su atención en los procesos que suceden en la mente, no olvidan que no hay procesos mentales "puros" alejados de los estímulos del ambiente. De hecho, para varios autores, el ambiente no sólo es un campo de estímulos negativos y positivos que pueden incidir en los procesos mentales de cognición, sino que son en realidad la mediación fundamental para el aprendizaje. Las teorías constructivistas del aprendizaje entonces, harán un énfasis muy importante en la relación del individuo con su contexto.

El constructivismo tiene que ver con lo que arriba se menciona a propósito del papel activo del estudiante en el proceso de aprendizaje, en la práctica inter-subjetiva (Ver Figura 3) y relacional de los conocimientos previamente adquiridos. Es decir, que centra su atención en la interacción en los procesos de aprendizaje y cómo esa interacción conduce luego a grados cada vez más altos de autonomía, es decir no sólo toma en cuenta lo que las personas hacemos cuando aprendemos sino cómo lo hacemos. Vygtoski responde a ese cómo ilustrando el camino entre lo que él llama la Zona de Desarrollo Real (ZDR) que es el estado actual en que un individuo tiene la capacidad de aprendizaje y la Zona de Desarrollo Pontencial (ZDP) que es el estado posible de máximo desarrollo en el aprendizaje de un individuo en un momento determinado. Vygotski afirma que es posible pasar de la ZDR a la ZDP a través de un proceso de construcción del aprendizaje que se da en la Zona de Desarrollo Próximo y que sucede fundamentalmente gracias a la mediación (guía) de otro individuo más experimentado en el campo de acción/conocimiento del que se trate (Vygotski, 1995).

Las teorías constructivistas entonces ponen un acento muy grande en la acción del individuo en su proceso de aprendizaje y en la relación de aprendizaje como un elemento clave para alcanzar procesos superiores de cognición. Las consecuencias didácticas de las teorías constructivistas no se hicieron esperar: al decir que el conocimiento se construye fundamentalmente a través de la acción del individuo, entonces pensar las actividades que un individuo debe y puede realizar con el fin de alcanzar su máximo potencial contribuye a la generación de una amplia gama de estrategias, técnicas y herramientas que contribuyen no sólo a que el individuo sea el actor de su propio aprendizaje sino que a través de la mediación de otro/s individuos alcance mayores grados de autonomía en su proceso de aprendizaje.

Como podemos ver, dos disciplinas cruzan los desarrollos del cognitivismo y constructivismo: la psicología (cognitiva y social) y la epistemología puesto que las teorías del aprendizaje tienen implícitas unas teorías del conocimiento. De aquí que, si entendemos por conocimiento únicamente los conocimientos teóricos entonces los procesos de aprendizajes se restringirán únicamente a la capacidad de comprensión que tiene un individuo y no a la capacidad que tiene de usar y reflexionar sobre lo aprendido. Aquí es donde entra el modelo de las competencias a suplir este vacío:

El modelo de evaluación por competencias que anima este estudio comprende el aprendizaje de manera integral (no sólo el aprendizaje de contenidos) involucrando la manera en que los individuos somos capaces de usar y reflexionar sobre los conocimientos adquiridos (meta-cognición). Es decir, el aprendizaje no sólo se reduce a procesos de estructuración cognitiva en donde se adquieren y modifican unos conocimientos, sino que toma en cuenta también las destrezas y habilidades tanto cognitivas (que no es lo mismo que "poseer" conocimientos) como prácticas (destrezas, habilidades) y sociales/interpersonales (desde habilidades de convivencia hasta las de autonomía en la práctica). Si bien toma en cuenta y se apropia de los aportes del cognitivismo y del constructivismo, va más allá; este estudio considera que lo que permite al modelo de evaluación por competencias este paso, no es propiamente una reflexión en primera instancia sobre una teoría del aprendizaje como la reflexión sobre una teoría del conocimiento. Esto se explica a continuación:

El Marco Europeo de Cualificaciones (EQF por sus siglas en inglés) que tomamos como base para este estudio, distingue tres tipos de aprendizajes: los conocimientos, las destrezas y las competencias. Veamos la siguiente figura para comprender mejor:

Resultados de aprendizaje		
CONOCIMIENTOS	DESTREZAS	COMPETENCIAS
En el EQF, los conocimientos se describen como Teóricos y/o Fácticos.	En el EQF las destrezas se describen como cognitivas (pensamiento lógico, intuitivo y creativo) y prácticas (destreza manual y uso de métodos, materiales, e instrumentos).	En el EQF, las competencias se describen en términos de responsabilidad y autonomía.

Figura 4. Tipos de aprendizaje según el EQF. Fuente: (Caro 2011, p. 81) "publisher": "Ministerio de Educación Nacional; Banco Interamericano de Desarrollo", "publisher-place": "Bogotá", "page":"531", "genre": "Consultoría", "event-place": "Bogotá", "abstract": "El país se ha propuesto como meta, el fortalecimiento y consolidación del un Sistema de Formación de Capital Humano –SFCH-. Con ese propósito, se han priorizado tres áreas estratégicas: (i.

Como vemos, en la diferenciación que hace el EQF encontramos una teoría del conocimiento que supera los aprendizajes teóricos y fácticos para ampliarlos a las destrezas y las competencias. Es importante mencionar aquí que el EQF entiende por competencias las habilidades personales y sociales que están implícitas en el uso de los conocimientos en un contexto determinado; en la mayoría de propuestas sobre competencias se utiliza para este aparte el término "habilidad". Si bien en el capítulo anterior hemos desarrollado el concepto de competencia, nos interesa aquí indicar que la evaluación por competencias mide los resultados del aprendizaje en estos tres campos.

Como se puede ver, existe una relación entre los conocimientos teóricos y las destrezas cognitivas y entre los conocimientos fácticos y las destrezas prácticas. Un ingeniero, debe tener tanto unos como otras. Más adelante en la figura seis se ilustrará mejor la relación de esta concepción del conocimiento desde el punto de vista de la competencia con un Marco de Cualificaciones. En el capítulo 4 donde se abordan los resultados del desarrollo del modelo se podrá ver en concreto para el caso de un Programa de Ingeniería todos estos elementos funcionando.

Pero no se trata únicamente de la confluencia de teorías pedagógicas que encuentran un lugar en el aprendizaje por competencias. Se trata más bien de un doble movimiento que oficia en una yuxtaposición de planos: por un lado, el plano de las teorías pedagógicas, su evolución e interrelación, y por otro, el de las políticas educativas que dan forma concreta a la práctica pedagógica y determinan sus disposiciones concretas. De hecho, este estudio se enmarca, como se expresa en el primer capítulo, en el área de las políticas educativas emanadas de la OCDE y el Gobierno Nacional de Colombia quienes han propuesto el modelo de formación y evaluación por competencias como el más adecuado para pensar los procesos de enseñanza y aprendizaje. Ambos planos, el de la teoría y el de la política educativa, determinan la escogencia de este estudio y operan más allá de este.

El modelo pedagógico puede considerarse como la expresión o manifestación de un código educativo. De tenerse claro el concepto y su evolución histórica sobre modelo pedagógico se podrá contar con argumentos que sustenten el por qué se generaron transformaciones en el proceso, organización y distribución del conocimiento en el currículo; en el campo de transmisión, adquisición de los contenidos, de las modalidades de evaluación, de la organización escolar, las transformaciones en las estructuras de relaciones entre los agentes educativos (maestros) y las relaciones sociales entre el contexto educativo formal y el contexto cultural primario (familia, comunidad, región y sus diferentes agentes.

La discusión sobre el modelo pedagógico tiene que ver con el lugar que se le da a la evaluación y en consecuencia la concepción que se tenga de la misma. Entendiendo que la evaluación tiene una incidencia muy grande en los procesos de enseñanza y aprendizaje, la coordinación que establezcan los modelos pedagógicos con los modelos evaluativos (que tal como se advertía anteriormente, pueden estar disociados), indicará que desde el ámbito de la planeación como en el del ejercicio pedagógico mismo, se garantiza el aprendizaje y desarrollo de competencias.

Evaluación y Competencias

En la investigación que pretende establecer los criterios para un modelo de evaluación de aprendizajes por competencias profesionales, para el programa de Ingeniería Mecatrónica de una institución de educación superior colombiana, es importante detenerse en el corazón o eje sobre el que van a girar las principales ideas, referidas al tema de las competencias. Hasta aquí se puede afirmar que la evaluación permite retroalimentar los tres procesos del acto educativo, procesos de enseñanza, aprendizaje y desarrollo humano, pero de manera especial, si se trata de una evaluación por competencias; pero ¿cómo concebir la competencia, cuál autor tendrá la razón, cuál clasificación será la más adecuada o apropiada para el tipo de currículo que se diseña para la Institución? Es una tarea difícil, pero no imposible.

Para empezar el abordaje del concepto de competencia, se debe partir del objeto de estudio, que en este caso la persona misma, ya que es ella la que se hace competente y por ende se debe siempre partir de ella; como se mencionaba anteriormente, la persona se encuentra enfrentada a una serie de dimensiones que lo constituyen y le dan razón de ser; esas dimensiones son la dimensión del ser, saber, conocer, hacer, sentir y expresar (Ver Figura 5).

Concepto de Competencia

Elaborada por: José Gregorio Contreras

Figura 5. Concepto de Competencia. Fuente: José Gregorio Contreras Fernández (2012).

Dimensiones de las Competencias Profesionales

Si bien la OCDE define ampliamente la competencia, como un saber hacer en contexto, se ha insistido en que el hacer constituye tan sólo una de las cinco dimensiones implícitas en el proceso de enseñanza-aprendizaje: Ser, Saber, Hacer, Sentir y Expresar. Este estudio pretende llamar la atención en la importancia de la relación de las otras dimensiones en el modelo educativo vigente en la institución, y por lo tanto en el de evaluación que se propondrá, con el fin de coordinar cada vez mejor, el plano de la teoría pedagógica, el de las necesidades reales de formación y desarrollo de los países y finalmente el de la política educativa.

Para el caso colombiano, que es el que se estudia en la presente investigación, es claro que el Comité Nacional de Política Social tiene interés en apostarle al tema de la evaluación por competencias: "La meta fue pasar de una educación centrada en contenidos al enfoque de competencias y de una formación memorística y enciclopédica a una educación pertinente y conectada con la realidad del país y del mundo en la que primen el "saber" y el "saber hacer" (CONPES, 2010, p. 23).

Sobre este mismo aspecto el Ministerio de Educación Nacional (MEN), maneja un concepto propio sobre competencia: "Es la habilidad de una persona para desempeñar exitosamente las actividades propias de una o más funciones que se desarrollan en un determinado sector productivo, y de acuerdo con los estándares de calidad esperados por este. Es una concepción integral en su esencia pues incluye tanto los conocimientos como la capacidad de saber usar ese conocimiento y de hacerlo en contextos diversos con un sello ético. (MEN, 2014).

La competencia tiene que permitirle a la persona demostrar que es hábil en algo que no meramente hace, sino que le gusta (Sentir), que lo hace sentir pleno (Ser), que él puede expresar, de lo que tiene dominio cognitivo, (Saber). Visto de esta manera, se puede afirmar que la competencia es lo que permite hablar de integralidad; todo lo demás sería reduccionismo. Un buen acercamiento, amplio y más integral al concepto de competencias es el que ofrece el documento ejecutivo sobre competencias de la OCDE:

> Una competencia es más que conocimientos y destrezas. Involucra la habilidad de enfrentar demandas complejas, apoyándose en y movilizando recursos psicosociales (incluyendo destrezas y actitudes) en un contexto en particular. Por ejemplo, la habilidad de comunicarse efectivamente es una competencia que se puede apoyar en el conocimiento de un individuo del lenguaje, destrezas prácticas en tecnología e información y actitudes con las personas que se comunica. (OCDE, 2004, pág. 105).

Jerarquización del proceso de formación de competencias profesionales

Una vez aclarado el tema de las dimensiones se procede a establecer una jerarquización de los diferentes aspectos que intervienen en el proceso de formación de competencias. El primer aspecto de esta jerarquización hace referencia al hábito, entendiéndose como el acto repetitivo, continuo y permanente que una persona efectúa.

En el tema de la música o de las matemáticas, las tareas o los ejercicios ayudan a que el alumno adquiera hábitos, pero este se adquiere cuando el alumno entiende que para apropiarse de algo y debe practicarlo muy seguido, con rutinas estrictas y con disciplina, si se quiere llegar al hábito, se tiene que entender que este debe ser continuo y permanente. Es decir, el hábito que resulta de la repetición tiende al reforzamiento de una conducta deseada que se incorpora a la destreza cognitiva y práctica de la persona. Pero si se adquiere el hábito ¿qué viene después?

Después del hábito se puede hablar de lo que la competencia profesional genera en la persona, que es la habilidad, así suene algo mecánico al principio, es tanto el esfuerzo permanente del hábito que termina dándole vida a una habilidad en particular, habilidad que de seguir reforzándose termina convirtiéndose en destreza, la cual algunos opinan que todavía suena muy de tipo motriz, pero porque se enfoca desde el mero hacer, no se mira desde las otras cinco dimensiones (Ser, Saber, Hacer, Sentir y Expresar). (Contreras, 2014, pág. 17)

Una vez que el alumno es consciente de su destreza, donde lo que hace trasciende el ser, el sentir, el expresar y el saber, pasa a convertirse en una categoría superior, es decir en una capacidad. Se es capaz cuando se tiene un control total de una habilidad o destreza, la cual como se mencionó anteriormente surgió gracias al hábito. Esta capacidad es la puerta de entrada para decir que una persona es competente en determinado tema. De modo tal, que puede concluirse, que la competencia es el resultado de un proceso continuo y permanente que gracias a los hábitos desarrollados por una persona, le permiten ser hábil, diestro y capaz en determinado campo del ser, del saber, del expresar, del conocer y del sentir. (Contreras, 2014, pág. 19).

Perspectiva Internacional de la Evaluación y Necesidad de un Marco Nacional de Cualificaciones (MC)

El Estado colombiano, a partir de la generación de una política nacional para la implementación de un Sistema de Formación de Capital Humano –SFCH- (CONPES, 2010) indicó su voluntad para crear mecanismos que permitieran la certificación de "competencias, habilidades y conocimientos" con el fin de articular mejor al sector productivo con el sector de formación. Para lograr esto, el Ministerio de Educación Nacional (MEN) apoyado por el Banco Interamericano de Desarrollo (BID) contrató una consultoría

con el fin de establecer una "Bases para la construcción de un Marco
Nacional de Cualificaciones" (Caro, 2011) "publisher": "Ministerio
de Educación Nacional; Banco Interamericano de Desarrollo",
"publisher-place": "Bogotá", "page":"531", "genre": "Consultoría",
"event-place": "Bogotá", "abstract": "El país se ha propuesto
como meta, el fortalecimiento y consolidación del un Sistema de
Formación de Capital Humano –SFCH-. Con ese propósito, se han
priorizado tres áreas estratégicas: (i. En este documento se recoge
desde la definición y tipología de los Marcos Nacionales hasta las
indicaciones para el diseño e implementación de los mismos. El
documento define los Marcos de Cualificaciones como:

> "instrumentos que se construyen mediante el
> consenso de los actores involucrados sobre la
> estructura, articulación y clasificación de las
> cualificaciones en niveles (nacionales, regionales
> o sectoriales según sea el alcance del marco) y
> sobre las equivalencias y rutas de progresión de
> las personas a través de los mismos. El rasgo
> distintivo de los MNC es la definición de las
> cualificaciones según estándares, competencias
> o resultados de aprendizaje y su clasificación
> en niveles independientemente de la forma o
> lugar donde tales cualificaciones hayan sido
> adquiridas" (Caro, 2011, pp. 10–11) "publisher":
> "Ministerio de Educación Nacional; Banco
> Interamericano de Desarrollo", "publisher-place":
> "Bogotá", "page":"531", "genre": "Consultoría",
> "event-place": "Bogotá", "abstract": "El país se
> ha propuesto como meta, el fortalecimiento y
> consolidación del un Sistema de Formación de
> Capital Humano –SFCH-. Con ese propósito, se
> han priorizado tres áreas estratégicas: (i.

La construcción de modelos de evaluación por competencias procede a través de la estructuración del aprendizaje en diferentes niveles progresivos lo cual representa un beneficio en términos de empleabilidad y transferencia. En relación a la empleabilidad, la estructuración por niveles permite al sector productivo conocer las diferentes competencias que puede tener un trabajado en determinada etapa y a este último demostrar dichas competencias a través de un certificado de nivel, con independencia de un diploma o título que en la educación tradicional debía obtenerse sólo al final del ciclo superior de enseñanza. En relación a la transferencia, la estructuración por niveles permite a las instituciones de formación y a los estudiantes una mayor movilidad debido al acuerdo común de competencias que facilita el intercambio de estudiantes con itinerarios de formación individuales a otros centros de formación sin que pierdan o corten con su proceso de aprendizaje.

En el cruce entre la política educativa que se traza a nivel nacional e internacional, por organismos gubernamentales y multilaterales y entre el diseño educativo (evaluativo) propiamente sucede la elección de términos que contribuyan a normalizar las discusiones y comprensiones que permitirán el desarrollo de un sistema de formación. Debido al carácter de esta investigación y a su voluntad por contribuir con diseños concretos para un modelo de evaluación de aprendizaje, es necesario aquí pasar de las conceptualizaciones puras a las definiciones estratégicas, es decir, aquellas que provienen de los lineamientos de política educativa que indican el vocabulario sobre el cual se va a edificar el diseño. Uno de los organismos multilaterales que contribuye con la normalización del vocabulario es la Organización Internacional del Trabajo - OIT quien a través de la Recomendación 195 pone las bases conceptuales de sustentan los Marcos Nacionales de Cualificaciones. Dichos términos son:

(a) el **aprendizaje permanente** que engloba todas las actividades de aprendizaje realizadas a lo largo de la vida con el fin de desarrollar las competencias y cualificaciones;

(b) los **resultados de aprendizaje** expresados en términos de *competencias* que abarcan los conocimientos, las aptitudes profesionales y el saber hacer que se dominan y aplican en un contexto específico;

(c) las **cualificaciones** designan la expresión formal de las habilidades profesionales del trabajador, reconocidas en los planos internacional, nacional o sectorial, y

(d) la **empleabilidad** se refiere a las competencias y cualificaciones transferibles que refuerzan la capacidad de las personas para aprovechar las oportunidades de educación y de formación que se les presenten con miras a encontrar y conservar un trabajo decente, progresar en la empresa o al cambiar de empleo y adaptarse a la evolución de la tecnología y de las condiciones del mercado de trabajo (OIT, 2005).

Como se puede ver aquí, el aprendizaje por competencias se enmarca en un ámbito más grande que es el sistema de cualificaciones el cual busca no sólo el mero aprendizaje sino el *reconocimiento* del mismo; dicho reconocimiento es lo que garantiza la relación de los procesos de formación que se brindan en las instituciones educativas con el sector productivo y la sociedad civil. De aquí que la propuesta de un modelo de evaluación por competencias en el marco de un sistema de cualificaciones busca coordinar estos tres sectores (el educativo, el productivo y la sociedad civil). Caro (2011) en su análisis del documento de la OIT "Learning from the fist qualifications frameworks" (OIT, 2009) sintetiza el carácter de las cualificaciones de la siguiente manera:

En los MC, las cualificaciones:

- Son definidas y descritas bajo un conjunto único de criterios.
- Son ordenadas jerárquicamente en niveles, cada uno con su descriptor característico.
- Son clasificadas en áreas ocupacionales.
- Son descritas en términos de resultados de aprendizaje, independientemente del sitio y forma como fueron adquiridas.
- Son definidas en términos de, según el enfoque que se adopte, unidades o módulos de aprendizaje, estándares o competencias, a los cuales, con frecuencia, se socia un número de horas de aprendizaje expresado en créditos. El estudiante debe cumplir un número de créditos para lograr una cualificación.
- Incluyen criterios explícitos contra los cuales cualquier aprendizaje puede ser evaluado (evaluación de competencias).

Así, las cualificaciones en un MC están diseñadas para:

- Ser adquiridas por acumulación a través del tiempo (acumulación y transferencia de créditos).
- Ser transportables. Unidades de una cualificación pueden ser usadas para otras cualificaciones.
- Ser transparentes. Los estudiantes saben lo que deben demostrar (resultados del aprendizaje) para lograr la cualificación. No requieren de ningún programa de aprendizaje previo. (Caro, 2011, p. 20) "publisher": "Ministerio de Educación Nacional; Banco Interamericano

de Desarrollo", "publisher-place": "Bogotá", "page":"531",
"genre": "Consultoría", "event-place": "Bogotá", "abstract":
"El país se ha propuesto como meta, el fortalecimiento y
consolidación del un Sistema de Formación de Capital
Humano –SFCH-. Con ese propósito, se han priorizado
tres áreas estratégicas: (i.

Las anteriores consideraciones, han servido de bases para el
diseño de la propuesta de construcción del modelo de evaluación
por competencias para un programa de Ingeniería Mecatrónica.
En la Tabla 1, se ilustrará la estructura de un modelo de evaluación
por competencias inserto en un sistema de cualificaciones y la
relación que existe entre sus componentes.

Tabla 1.
*Estructura de un modelo de evaluación por competencias inserto en
un sistema de cualificaciones. Elaboración propia.*

CICLOS (MEN)	NIVELES (EQF)	Resultados de Aprendizaje		
		CONOCIMIENTOS	DESTREZAS	COMPETENCIAS
TÉCNICO	4	Conocimientos fácticos y teóricos en contextos amplios en un campo de trabajo o estudio concreto	Gama de destrezas cognitivas y prácticas necesarias para encontrar soluciones a problemas específicos en un campo de trabajo o estudio concreto	Ejercicio de autogestión conforme a consignas definidas en contextos de trabajo o estudio generalmente previsibles, pero susceptibles de cambiar Supervisión del trabajo rutinario de otras personas, asumiendo ciertas responsabilidades por lo que respecta a la evaluación y la mejora de actividades de trabajo o estudio

		A amplios conocimientos especializados, fácticos y teóricos, en un campo de trabajo o estudio concreto, siendo consciente de los límites de esos conocimientos	Gama completa de destrezas cognitivas y prácticas necesarias para encontrar soluciones creativas a problemas abstractos	Labores de gestión y supervisión en contextos de actividades de trabajo o estudio en las que pueden producirse cambios imprevisibles Revisión y desarrollo del rendimiento propio y ajeno
TECNOLÓGICO	5			
PROFESIONAL	6	Conocimientos avanzados en un campo de trabajo o estudio que requiera una comprensión crítica de teorías y principios	Destrezas avanzadas que acrediten el dominio y las dotes de innovación necesarias para resolver problemas complejos e imprevisibles en un campo especializado de trabajo o estudio	Gestión de actividades o proyectos técnicos o profesionales complejos, asumiendo responsabilidades por la toma de decisiones en contextos de trabajo o estudio imprevisibles Asunción de responsabilidades en lo que respecta a la gestión del desarrollo profesional de particulares y grupos

Como se puede apreciar en la Tabla 1, se han integrado los niveles del Marco Europeo de Cualificaciones con los Ciclos Propedéuticos que el Ministerio de Educación Nacional colombiano ha definido para la educación superior. Así, la correspondencia se ha fijado entre los niveles cuatro (4), cinco (5) y seis (6) con los ciclos, Técnico, Tecnológico y Profesional. Al momento en que se realiza este estudio, no se ha generado una política que los defina así, aunque en la revisión de la trayectoria de la política pública colombiana podemos prever este tipo de correspondencias.

El Sistema Nacional de Educación Terciaria en Colombia

Mientras se presentaba este trabajo para su aprobación final, el Ministerio Nacional de Educación de Colombia lanzó el Sistema Nacional de Educación Terciaria (SNET) que incluye la construcción de un Marco Nacional de Cualificaciones como "herramienta que permita el funcionamiento del SNET" (Ministerio de Educación Nacional de Colombia, 2016b)2016b. Este hecho resulta de la mayor trascendencia no sólo para este trabajo son para el conjunto del sistema educativo colombiano. La coincidencia fue afortunada para esta investigación: no sólo le da más relevancia a este tipo de estudios que ya cuentan con una política favorable que requiere de propuestas para darle contenido, sino que también permite que este estudio sirva de modelo para las propuestas que se van a empezar a realizar. Resultado de esta iniciativa, se hizo el lanzamiento de un "Documento de Lineamientos de Política Pública [versión preliminar] Sistema Nacional de Educación Terciaria (SNET): camino para la inclusión, la equidad y el reconocimiento" (Viceministerio de Educación Superior, 2016)

El SNET "tiene como objetivo organizar un nuevo esquema de la estructura educativa, asegurar y promover la calidad de la educación terciaria, al integrar en un mismo sistema organismos, estrategias e instrumentos que hasta el momento han trabajo de forma separada" (Ministerio de Educación Nacional de Colombia, 2016b)2016b. La estructura del sistema educativo colombiano está conformada por la educación inicial, la educación preescolar, la educación básica (primaria y secundaria), la educación media y la educación superior. La incorporación de una estructura distinta, la "educación terciaria" abre un nuevo horizonte para el ciclo posterior a la educación básica y media. ¿En qué consiste? A continuación, se presentarán sus líneas fundamentales.

El SNET responde a algunos problemas que presenta el sistema educativo colombiano y que coinciden con el análisis del contexto que se realiza en el primer capítulo. A saber, la concepción de sistema indica que nos encontramos frente a un todo donde sus partes se encuentran relacionadas de manera lógica y procesual, cuestión que no opera de manera adecuada en el actual sistema debido a problemas de articulación interna y externa. Los problemas de articulación interna se pueden ver por el gran desbalance que existe entre la política de educación superior universitaria y la de educación técnica donde la segunda se ve subordinada a la primera y considerada como un mero paso para alcanzar la universidad, lo que favorece este último tipo de educación por encima de la formación técnica. Los problemas de articulación externa se refieren principalmente a la dificultad que tienen el sector productivo para indicar necesidades en la oferta educativa. De acuerdo al anterior análisis, el Sistema Nacional de Educación Terciaria:

> "…se concibe como la organización de pilares, niveles y rutas de la educación posteriores a la Educación Media, que involucra a las instituciones educativas, demás oferta educativa y formativa, y al conjunto de normas que lo rigen, así como al sistema de aseguramiento de la calidad como la base de los pilares, y el garante del adecuado funcionamiento del mismo" (Viceministerio de Educación Superior, 2016, p. 19).

A continuación, describiremos los pilares, los niveles y las rutas. Dos pilares se han definido para la educación terciaria: el pilar de la educación universitaria y el pilar de educación técnica; dichos pilares son la gran novedad de la política a diferencia de las que hemos podido rastrear en la experiencia internacional, donde la educación superior y la educación técnica hacen parte de un mismo proceso y no de procesos paralelos como en el caso de la nueva política que se propone.

En relación a los niveles, el Documento de Lineamiento de Política Pública sigue la experiencia internacional de niveles educativos del CINE con ocho (8) niveles: los primeros cuatro (4) los comparten los dos pilares, mientras que los cuatro (4) últimos niveles tienen diferencias entre ellos según el pilar. Las rutas son los itinerarios que aseguran la distinción entre los pilares ya que sus recorridos son diferentes y con grados de especialización diferenciados en cada uno, elección que se realiza según la preferencia y orientación "socio-ocupacional". De esta manera, el sistema educativo colombiano se re-estructura orientándose por un esquema doble en sus niveles posteriores a la educación básica, con la misma cantidad de niveles en cada pilar, aunque con características distintas y rutas que se pueden trazar según un compuesto diferenciado de mecanismos e instrumentos. En síntesis, cuando un estudiante colombiano termina la educación básica secundaria, puede elegir entre dos grandes rutas para continuar su proceso de formación. En la Tabla 2 se presenta de manera resumida la estrategia:

Tabla 2.
Resumen de la estructura del SNET. Elaboración propia a partir de (Viceministerio de Educación Superior, 2016)

Estructura	Descripción
Pilares	"Los pilares del SNET son: el pilar de la educación universitaria y pilar de la educación técnica. Cada pilar traza caminos verticales que son igualmente válidos, los pilares de ninguna manera están subordinados el uno al otro, no compiten entre sí, al contrario, es necesario que se entiendan, se fortalezcan y se reconozcan mutuamente para lograr el pleno desarrollo de cada uno. […] A través de los pilares y las rutas se busca ofrecer, de manera pertinente, una amplia gama de posibilidades educativas, estructuradas por niveles de aprendizaje, los cuales guardan relaciones de diversa naturaleza con disciplinas científicas -exactas, naturales y sociales-, tecnológicas, culturales, humanísticas y artísticas" (p. 19-20).
Niveles	"…un nivel de educación representa el grado de complejidad y especialización de conocimientos, habilidades, destrezas y actitudes de un grupo de programa educativos. […] Cabe aclarar que los niveles CINE no hacen referencia a niveles ocupacionales, esto a diferencia del MNC…" (p. 24-25)

Rutas	"… las rutas de progresión dentro dl sistema no subordinan un pilar a otro, dado que estos son igualmente importantes. Esto implica una redefinición de los ciclos propedéuticos, donde actualmente se entiende que la educación técnica está enmarcada en ciclos previos a la educación universitaria" […] "se definen los mecanismos e instrumentos a través de los cuales se pueden establecer rutas entre los pilares, garantizando necesariamente la equivalencia académica en cada caso particular" (p. 27)

Como se puede observar, los tres elementos nuevos de estructura del sistema de educativo colombiano marcan un itinerario a la vez nuevo y múltiple para el caso de la educación superior colombiana hoy comprendida dentro de la educación terciaria. Esto significa fundamentalmente que la reflexión en el caso colombiano sobre la articulación de los componentes del sistema educativo con las políticas internacionales ha resultado en una configuración bastante original de todos estos componentes.

Dicha configuración, en nuestra opinión, no está exenta de dificultades. Las principales que vemos son la complejidad de la estructura propuesta y los mecanismos que habrá que diseñar a la hora de consolidar la política y lograr su implementación. Lo que vemos en el análisis de esta política tan reciente, es que la reflexión sobre el sistema de educación superior en Colombia derivó en un replanteamiento estructural de todo el sistema educativo que pusiera al día la política nacional y la articulara tanto con los requerimientos de organismos internacionales como con el sector productivo. Llamamos en este trabajo a este proceso como un "efecto cascada" en donde el diseño de una parte obliga al replanteamiento de todo el sistema educativo.

La novedad de toda la estructura es contundente y ha generado gran polémica entre varios sectores y gremios educativos como se puede rastrear fácilmente en la prensa. La mayoría de críticas se encuentran en relación a la equiparación entre la educación universitaria y la educación técnica. Vale decir al respecto, que no se trata de una simple transposición y reubicación estructural, sino toda una nueva concepción de la educación técnica en Colombia, lo que implica una renovada mirada tanto sobre la idea y tipología de los conocimientos, como sobre los itinerarios de formación que se requieren de cara a cada pilar que se propone y la posibilidad de movilidad de los estudiantes.

En la siguiente figura se pueden observar los niveles educativos según los pilares diferenciados, incluyendo cambios importantes en los nombres de algunos niveles, así como la incorporación de un nivel adicional en la educación técnica:

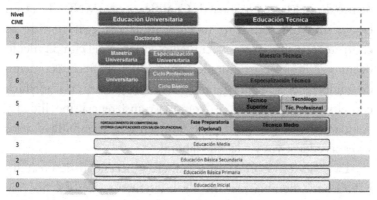

Figura 6. Estructura del Sistema Educativo Colombiano con el SNET.
Fuente: (Viceministerio de Educación Superior, 2016, p. 24)

Como se puede ver en la Figura 6, se crea un nivel paralelo a la educación universitaria llamado educación técnica, lo cual genera bastantes interrogantes a la hora de plantear este estudio. Las consideraciones que se han hecho hasta el momento sobre la estructura en donde el Modelo de Evaluación por Competencias irá inserta se limitarán por el momento a configurar las competencias en términos de conocimientos, destrezas, habilidades y actitudes y a trazas las rutas que un estudiante tendría que realizar por el esquema que se propone, mientras que la autoridad nacional en educación define en su forma final, la estructura que va a implementarse. Para el caso de este estudio, esta novedad tan reciente no representa dificultad alguna ya que la estructura que podría implementarse, es decir el nuevo "pilar" implicaría únicamente una asignación distinta en la estructura y no un cambio en el interior de la estrategia.

El Marco Nacional de Cualificaciones en Colombia

Como bien se ha descrito anteriormente, el propósito del estudio es crear un modelo de evaluación por competencias que se inserte dentro de un Marco Nacional de Cualificaciones (MNC). La razón es que un MNC busca no únicamente la estructuración de las competencias sino su reconocimiento en razón del cumplimiento de unos criterios estructurados por niveles. El reconocimiento de competencias facilita tanto la relación del sector académico con el sector productivo, asi como la transferencia, movilidad y comparabilidad que contribuye también a la accesibilidad a los sistemas educativos y a la vida laboral.

La reflexión sobre la importancia y necesidad de crear un MNC en Colombia provino de la estructuración del Sistema Nacional de Educación Terciaria (SNET). En el diseño del Marco se respetó la estructuración en ocho (8) niveles que había definido la experiencia internacional, en especial el Marco Europeo de Cualificaciones (EQF) buscando una correspondencia con la Clasificación Internacional Normalizada de Educación (CINE). En el caso colombiano, el MNC:

> ...es de carácter flexible ya que contempla las particularidades de los sectores y subsectores, es 'abarcativo' teniendo en cuenta que las cualificaciones incluyen no solo las unidades de competencia o estándares donde se establecen los criterios de desempeño, sino que establece referentes formativos para alcanzar los resultados

de aprendizaje, también es inclusivo porque analiza y contempla en su totalidad los campos ocupacionales, los niveles educativos y formativos (Ministerio de Educación Nacional de Colombia, 2016a)

Finalmente, para el caso del presente estudio resulta fundamental estar al tanto de estas consideraciones pues más allá de la aplicación o influencia inmediata que tenga sobre este trabajo, se espera que sean este tipo de investigaciones las que aporten al diseño de la política pública colombiana sobre educación superior.

Conclusión

A modo de conclusión, se puede afirmar que la evaluación por competencias es un requerimiento que hace el BID a los países en vía de desarrollo. En este caso, Colombia está inscrito en ellos, además hay que tener en cuenta el requerimiento que hace la OCDE a los países que la conforman. Colombia desde hace dos años hace parte de ella y producto de su participación, se detectó a través de la prueba PISA (Program International Student Assesment), que Colombia se encuentra en los últimos lugares en los resultados obtenidos en dicha prueba, ya que sus currículos no se ajustan al desarrollo de las competencias con que se miden a los países que participan de dichos procesos. Todo esto lleva a hacer las transformaciones en torno al desarrollo de los currículos por competencias. No hacerlo conlleva a que Colombia como país, se vea obligada a que retirarse de dichos círculos internacionales, con la correspondiente consecuencia de dejar de recibir las ayudas que ofrece el BID.

Preguntas de Investigación

1. ¿Cuáles son las competencias profesionales existentes en el Programa de Ingeniería Mecatrónica de la institución universitaria colombiana donde se realizará el presente estudio?

2. ¿Cuáles son las competencias profesionales requeridas según las necesidades de la Industria de Ingeniería Mecatrónica en Colombia?

3. ¿Cuáles son los criterios que tienen los docentes de los programas de Ingeniería Mecatrónica de una institución de educación superior colombiana, para evaluar los aprendizajes por competencias profesionales de los estudiantes?

4. ¿Cuáles deben ser los criterios de evaluación por competencias profesionales para el programa de Ingeniería Mecatrónica de una institución de educación superior colombiana?

Capítulo 3: Metodología

El presente capítulo ilustra la metodología usada en este estudio. No se trata de un estudio descriptivo sino de una investigación orientada al desarrollo y a la toma de decisiones, que busca generar un modelo de evaluación por competencias profesionales para un programa de Ingeniería Mecatrónica bajo la estructura de un Marco de Cualificaciones, en una institución de educación superior colombiana.

Diseño

Debido a que la investigación es de carácter cualitativo, la metodología que se utilizó se corresponde con la de un diseño de "sistema de evaluación" que en líneas generales sigue tres grandes pasos: 1) planteamiento y definición del problema y acuerdos sobre su necesidad y pertinencia: 2) Construcción de la propuesta de modelo de evaluación según análisis y participación de actores relevantes y 3) Definición del modelo de evaluación e integración en el Marco de Cualificaciones; estos pasos se pueden visualizar en la Figura 7. Cada paso, tiene el concurso de participantes diferentes y de estrategias diversas que se aclararán en cada paso a lo largo de este capítulo.

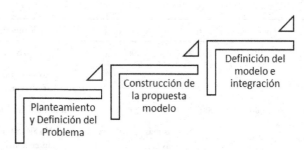

Figura 7. Pasos para la construcción de un modelo de evaluación

Fruto de más de veinte años de práctica educativa en lo cotidiano de varias instituciones educativas de Colombia, el autor de este estudio descubrió una ausencia preocupante de modelos de evaluación por competencias que permitieran a dichas instituciones educativas lograr una mejor planeación, gestión y evaluación de sus proyectos educativos y especialmente de sus apuestas curriculares. Esta preocupación derivó en la escritura de un "Manual para la elaboración e implementación de un modelo de evaluación por competencias" (Contreras, 2014) que marcó el camino de una búsqueda personal en consonancia con las necesidades de varias instituciones educativas. Entonces, en el año 2012, asumiendo la dirección de una institución educativa, el autor se decidió por indagar el estado y existencia de un modelo de evaluación en general y de un modelo de evaluación por competencias en específico.

Participantes

A continuación, se detallan los participantes que estuvieron involucrados en la investigación, indicando la población, muestra, criterio de selección y tipo de muestra:

Tabla 3.
Población y Muestras del estudio

	Población	Muestra	Criterio	Tipo de muestra
Maestros	40	20	50%	Aleatorio Simple
Directivos	6	6	100%	No aleatorio Intencional
Estudiantes	700	200	20/semestre	Aleatorio Estratificado
Empresas	12	3	Las más grandes y con más amplia trayectoria	No aleatorio intencional

También, se ilustra a continuación en la Tabla 4, la participación de los involucrados según la etapa del diseño:

Tabla 4.
Descripción de involucrados según etapas del diseño

Paso	Involucrados
1. Definición de los objetivos y principios del Marco Común	Estudiantes, Directivos, Docentes de una Institución Educativa
2. Definición del alcance y tipo de Marco	Sector Académico y Sector Productivo
3. Definición del número de niveles y los descriptores por nivel	Sector Académico, Sector Productivo, Comunidad local (institución educativa)

Instrumentos

En concordancia con el enfoque epistemológico y metodológico de este estudio, los instrumentos que se aplicaron buscaban obtener información a través de preguntas abiertas y sesiones de discusión, deliberación y decisión pues el propósito del estudio fue la construcción de un modelo de evaluación con la participación de distintos actores. En la Tabla 5 se especifican los instrumentos que se utilizaron según la etapa de diseño correspondiente:

Tabla 5.
Instrumentos aplicados por etapa

Paso	Instrumentos	Detalle
1. Definición de los objetivos y principios del Marco Común	Encuesta y Grupo Focal	Encuesta de elaboración propia.
2. Definición del alcance y tipo de Marco	Grupo Focal	El diseño del grupo focal dependerá de los resultados de la encuesta y de las reuniones preliminares de consenso.
3. Definición del número de niveles y los descriptores por nivel	Grupo Focal	

En relación a las anteriores consideraciones, resulta fundamental definir el problema del estudio y el alcance que puede tener, no solo por lo que tiene que ver con la posibilidad de realizar un estudio con rigor, sino con la eficacia, pertinencia y verdadera necesidad del mismo, en especial por su grado de relación con preocupaciones reales que afectan la sociedad civil, los centros de formación y el sector productivo en su conjunto.

El propósito de explicitar las relaciones entre el problema de estudio y su alcance resultó del análisis de la pertinencia, accesibilidad, progresión, calidad y coherencia que tenga un Marco de Cualificaciones. Una buena relación entre los anteriores componentes contribuyó al reconocimiento de las necesidades tanto de las instituciones educativas como del contexto con el fin de dilucidar si un Marco de Cualificaciones puede ayudar a resolver dichos problemas. Dicho análisis permitió, al ejecutarse, tener más claridad tanto sobre la población beneficiada, como de las necesidades institucionales que hay que cubrir de cara a la satisfacción de los requerimientos que se caracterizan de cada sector de la población; todo esto determina finalmente la elección de determinadas cualificaciones que van a dar forma futura al sistema de evaluación por competencias.

Caro (2011) "publisher": "Ministerio de Educación Nacional; Banco Interamericano de Desarrollo", "publisher-place": "Bogotá", "page":"531", "genre": "Consultoría", "event-place": "Bogotá", "abstract": "El país se ha propuesto como meta, el fortalecimiento y consolidación del un Sistema de Formación de Capital Humano –SFCH-. Con ese propósito, se han priorizado tres áreas estratégicas: (i ha recopilado y adaptado para el caso de los Marcos de Cualificación la relación entre las los problemas y necesidades que se pueden encontrar, en el sentido siguiendo principalmente a Billorou y Vargas (2010). En la Tabla 6 se reproduce la síntesis señalada y se puede comprender la importancia de basar la estructuración de un modelo de evaluación por competencias sobre un análisis preliminar; la virtud adicional de estos análisis está en que permite ir comprendiendo no sólo la necesidad sino el significado de las cualificaciones en la integración de las competencias específicas y sus correspondientes descriptores en un marco más amplio que les una relación orgánica.

Esto se verá concretado también posteriormente con la encuesta realizada a varios representantes de la comunidad educativa (Apéndice A)

Tabla 6.

Análisis preliminar para decidirse por un MC

Disfunción	¿Hay un problema o necesidad?	¿Cuál es exactamente el problema o necesidad?	¿Cómo puede un MNC ayudar a enfrentar ese problema o necesidad?
Pertinencia	¿Tienen las personas dificultades para encontrar programas de educación y de formación para el trabajo (por tanto, a cualificaciones) que se ajusten a sus necesidades?	- ¿En qué niveles educativos o de formación ó en qué sectores ocupacionales? - ¿El problema es mayor en algunas áreas de cualificaciones que en otras? ¿O en algunos grupos de población que en otros? - ¿El problema radica en que se necesita desarrollar nuevas cualificaciones (más avanzadas)? - ¿O el problema radica en la forma como están diseñadas las cualificaciones?} O en las prácticas o entrenamiento de las instituciones de educación y de formación?	- Como vehículo para ampliar el rango de las cualificaciones para satisfacer las necesidades de las personas. -Diseñando las cualificaciones de forma tal que se maximice su flexibilidad (a través de popularización y reconocimiento de aprendizajes previos) - Usando un sistema de acreditación y de control de calidad que estimule a las instituciones a adoptar prácticas más flexibles. Gr. Evaluación por demanda, oferta de paquetes individualizados, módulos disponibles en horarios convenientes, etc.

Accesibilidad y progresión	¿Tienen las personas dificultades para acceder a los programas y las cualificaciones?	- ¿En qué niveles y/o áreas de educación y de formación? ¿En algunos o en todos los sectores ocupacionales? - ¿Existe una segmentación de las cualificaciones que no permite que todas las personas puedan acceder por igual? - ¿El problema es mayor en unas áreas de cualificaciones que en otras? ¿O es mayor en unos grupos de población que en otros? - ¿La información para los usuarios no es clara ni transparente?	- Como vehículo para introducir nuevas cualificaciones. - Como marco de referencia para el reconocimiento de saberes previos y la certificación de competencias. - Mejorando la articulación y la comparabilidad de cualificaciones. - Mejorando la información y la orientación a los participantes. - Produciendo información a los grupos de interés.
Calidad y coherencia	¿Hay diferencias significativas en la calidad de la educación y de la formación que ofrecen las instituciones?	- ¿En qué áreas y/o niveles educativos y de formación? - ¿El problema es mayor en algunas áreas de cualificaciones o sectores ocupacionales que en otros?	- Exigiendo que todas las instituciones que ofrezcan las cualificaciones del MC sean acreditadas por una autoridad nacional.

Nota: Citado en (Caro, 2011, pp. 38–39) "publisher": "Ministerio de Educación Nacional; Banco Interamericano de Desarrollo", "publisher-place": "Bogotá", "page": "531", "genre": "Consultoría", "event-place": "Bogotá", "abstract": "El país se ha propuesto como meta, el fortalecimiento y consolidación del un Sistema de Formación de Capital Humano –SFCH–. Con ese propósito, se han priorizado tres áreas estratégicas: (i Fuente: (Billorou & Vargas, 2010). Modificado por el autor.

La finalidad de escoger un modelo de Marco de Cualificación para este estudio se justificó por las siguientes razones:

1. Los Marcos de Cualificación están basados en el aprendizaje por competencias.
2. Los Marcos de Cualificación integran los ciclos propedéuticos que están en funcionamiento en la institución educativa que se espera escoger para este estudio.
3. Los Marcos de Cualificación han sido escogidos por el Gobierno Nacional para la implementación de su política sobre la formación por ciclos propedéuticos.

Procedimientos

Reconociendo que el problema de investigación es "la ausencia de un Marco Nacional de Cualificación que permita evaluar los aprendizajes por competencias profesionales, bajo criterios específicos y homogéneos desde la perspectiva de certificación internacional, para los programas de ingeniería Mecatrónica en instituciones de educación superior colombiana" (cfr. Capítulo 1), y siguiendo las recomendaciones de los expertos consultados por el Ministerio de Educación Nacional (Caro, 2011) "publisher": "Ministerio de Educación Nacional; Banco Interamericano de Desarrollo", "publisher-place": "Bogotá", "page":"531", "genre": "Consultoría", "event-place": "Bogotá", "abstract": "El país se ha propuesto como meta, el fortalecimiento y consolidación del un Sistema de Formación de Capital Humano –SFCH-. Con ese propósito, se han priorizado tres áreas estratégicas: (i, los pasos para la construcción del modelo de evaluación en un Marco de Cualificaciones son:

1. Definición de los objetivos y principios del Marco Común
2. Definición del alcance y tipo de Marco
3. Definición del número de niveles y los descriptores por nivel

En la siguiente tabla 7, se resume la metodología a seguir paso por paso para la construcción del modelo:

Tabla 7.
Pasos para el desarrollo de la investigación

Paso	Metodología (s) y herramientas	Involucrados
1. Definición de los objetivos y principios del Marco Común	Grupo focal - Entrevistas Comunidad de práctica	Estudiantes, Directivos, Docentes de una Institución Educativa
2. Definición del alcance y tipo de Marco	Comunidad de práctica	Sector Académico y Sector Productivo
3. Definición del número de niveles y los descriptores por nivel	Comunidad de práctica	Sector Académico, Sector Productivo, Comunidad local (institución educativa)

En el primer paso, se realizó la definición de los objetivos y principios del Marco Común. Aquí se pretendió identificar los objetivos que guiaron todo el proceso de construcción de un modelo de evaluación por competencias. Dichos objetivos no se refieren, en todo caso, a metas de aprendizaje, sino a finalidades políticas que van a determinar tanto las características del modelo creado, así como el tipo de diseño que se realizó.

Luego del anterior paso, se realizó la definición del alcance y tipo de Marco; como en este estudio se construyó un modelo para un programa de Ingeniería Mecatrónica, el tipo de Marco que más se ajustó, tanto a la experiencia exitosa internacional, como a los descriptores de varias instituciones del sector productivo es el Marco Europeo de Cualificaciones (EQF por sus siglas en inglés). En este momento de la investigación, se realiza un estudio a fondo de la estructura y sentido del EQF y la relación que establece entre las tipologías unificadas, flexibles, vinculadas y rígidas que existen (Caro, 2011) "publisher": "Ministerio de Educación Nacional; Banco Interamericano de Desarrollo", "publisher-place": "Bogotá", "page":"531", "genre": "Consultoría", "event-place": "Bogotá", "abstract": "El país se ha propuesto como meta, el fortalecimiento y consolidación del un Sistema de Formación de Capital Humano –SFCH-. Con ese propósito, se han priorizado tres áreas estratégicas: (i.

Finalmente, se dio paso a la definición del número de niveles y de los descriptores por nivel: aquí se consolidó la propuesta y se creó propiamente el marco. Este se compone de unos niveles con sus correspondientes descriptores. La propuesta de este estudio, además de generar los niveles y los descriptores, se propuso relacionar estos con los ciclos propedéuticos que propone el Ministerio de Educación Nacional de la República de Colombia. Puesto que aquí se concentró el grueso del estudio, además de la Comunidad de Práctica, se relacionaron los Marcos Nacionales de Cualificación, los planes de estudio de programas de ingeniería y la lógica institucional desde donde se va a realizar el proyecto. Este punto depende del avance que en la política nacional se haga de este proceso que se encuentra en elaboración.

No hubo participación activa de sujetos en el estudio. La administración del centro facilitó al investigador principal data recopilada sin fines investigativos, sin identificación de los participantes. Se trató de resultados de encuestas y grupos focales conducidos institucionalmente con la participación de Maestros, Directivos, Estudiantes y Empresarios. Las respuestas de las encuestas y los resultados de los grupos focales se facilitaron en listados anónimos, agrupados por Maestros, Directivos, Estudiantes y Empresarios.

Comunidades de práctica

Como se pudo ver en la Tabla 3, se escogió la metodología de "comunidades de práctica" como estrategia fundamental para la construcción del modelo de evaluación. Dos son las razones para esta escogencia: la primera tiene que ver como la concepción de aprendizaje que está implícita en este estudio y que tiene que ver con que el aprendizaje se construye y que dicha construcción es social no sólo en relación al ambiente en el que se produce sino porque en el "hecho" de la producción del conocimiento intervienen siempre más de un individuo. La segunda es que las comunidades de práctica no sólo plantean un modelo de producción sino de gestión del conocimiento.

> "Una Comunidad de Práctica, frecuentemente llamada CoP por sus siglas en inglés, es un grupo de pares con una inquietud, un interés o una pasión en común, que desean intercambiar ideas, experiencias, opiniones y/o trabajo sobre cuestiones que consideran importantes para mejorar la práctica de sus tareas. Trabajando de manera colaborativa, cada miembro puede aprender del otro y generar ideas y enfoques innovadores, para mejorar el impacto y la calidad de su trabajo, y su efectividad en el desarrollo" (Bonnefoy, Gamarra, Molina, & Steinvorth, 2009)

Las comunidades de práctica en la definición de Wenger (2001), no son algo novedoso, por el contrario, hacen parte del cotidiano vivir. Sin embargo, pensarlas y estructurarlas es necesario con el fin de obtener resultados concretos. Lo que nos interesa aquí de las comunidades de práctica y la teoría que propone Wenger al respecto, es su potencia para realizar procesos de "arquitecturas de aprendizaje": Una arquitectura de aprendizaje no es un nuevo sistema de clasificación para medios ya existentes. La cuestión no es preguntarse, por ejemplo, a qué categoría corresponden las bases de datos técnicas. La cuestión es más bien proporcionar un marco de referencia para preguntar cómo cumple un diseño específico [...] los distintos requisitos de la arquitectura del aprendizaje" (Wenger, 2001, p. 285. Énfasis propio).

Estas intuiciones son muy útiles en el campo de la formación y especialmente cuando se trata de diseño educativo. En palabras de Wenger, la educación supone diseño (Wenger, 2001, p. 312) y por lo tanto hace parte del cotidiano de los procesos de formación que se conciban a sí mismos y que se basen en prácticas de diseño continuas.

La metodología de las comunidades de práctica ha sido avalada por instituciones como el Banco Interamericano de Desarrollo (Bonnefoy et al., 2009) como por el Programa de Naciones Unidas para el Desarrollo (PNUD) (Martin, 2013) al punto que han planteado muchas de sus formas de creación y revisión de políticas a través de la implementación de comunidades de práctica.

La escogencia de la metodología de Comunidades de Práctica radica en que amplía los alcances del uso de los Grupos Focales como instrumentos de Recolección de Información a la configuración de un Equipo de Trabajo cuyo interés y funciones van más allá de la participación en una sesión de grupo focal. Esto, porque dicho Equipo tiene interés y afectación directa tanto en el diseño del modelo de evaluación por competencias como en su implementación.

Para la creación del modelo de evaluación por competencias en un Marco de Cualificaciones, se creó una comunidad de práctica compuesta por tres sectores: el productivo, el social y el académico. La constitución de la comunidad de práctica y su implementación se concretó de acuerdo a los siguientes pasos:

Primer Paso: Análisis Previo (etapa de pre-investigación).
Segundo Paso: Definición del Objeto de Estudio (etapa de pre-investigación).

Tercer Paso: Convocatoria de participantes (etapa de pre-investigación).

Cuarto Paso: Inscripción formal de los miembros de la Comunidad de Práctica (etapa de pre-investigación).

Quinto Paso: Firma de protocolo de derechos de autor y de confidencialidad (etapa de pre-investigación).

Sexto Paso: Información, Capacitación y rediseño del Plan de Acción de la Comunidad de Práctica (etapa de investigación).

Séptimo Paso: Implementación del Plan de Acción de la Comunidad de Práctica (etapa de investigación).

Análisis de Datos o Evidencias

El análisis de los datos se realizará según las técnicas que se ilustran en la **Tabla 8**:

Tabla 8.

Técnicas para el análisis de datos

Paso	Instrumentos	Técnicas de Análisis
1. Definición de los objetivos y principios del Marco Común	Encuesta y Grupo Focal	Codificación y Categorización de Resultados
2. Definición del alcance y tipo de Marco	Grupo Focal	Codificación y Categorización de Resultados.
3. Definición del número de niveles y los descriptores por nivel	Grupo Focal	Identificación de Patrones e Interpretación de Resultados

Limitaciones

Para la realización del presente estudio, el autor no presentó ningún impedimento, restricción o limitación por razones legales, éticas o de capacidad. Las únicas limitaciones que se encontraron para realizar este trabajo son de "sustracción de materia", es decir que se trata de un trabajo pionero en el sector de la educación superior colombiana, lo que lo justifica en primer plano. Para el diseño se tuvieron en cuenta estudios y consultorías anteriores solicitadas por el Ministerio de Educación Nacional de Colombia que permitieron edificar una propuesta sobre bases anteriormente construidas. Las respuestas de las encuestas y los resultados de los grupos focales se facilitaron en listados agrupados por Maestros, Directivos, Estudiantes y Empresarios sin la identidad de los mismos.

No hubo participación directa de sujetos en el estudio. Se utilizó información facilitada por la administración del centro sin identificación de los participantes. Los beneficios de este estudio estuvieron relacionados con el establecimiento de modelos que permiten la creación e implementación de políticas educativas en el sector público. Por las características del mismo, no implicaron ningún tipo de riesgo directo sobre la población participante, ni sobre el sector educativo y productivo relacionado.

Capítulo 4: Resultados

El presente capítulo presenta los hallazgos recopilados en la búsqueda de información que responde a las preguntas de investigación, según el diseño metodológico del capítulo tres y está pensado como un momento importante en la articulación de los objetivos de investigación con la marcha concreta de la búsqueda de información que realiza en el escenario real la investigación.

Se presentan a continuación los resultados de la encuesta seguidos de los hallazgos documentales y de la información construida como propuesta para el modelo. Para el caso de la encuesta se muestra parte del análisis de la misma pues es relevante para la recopilación de la información necesaria.

Encuesta de percepción

La encuesta de percepción es un instrumento que permite dar un marco general a la investigación, en relación al panorama actual a propósito de la existencia de un modelo de evaluación por competencias y ayuda tanto a responder parte de la primera pregunta de investigación, como a entender la dinámica interna de la institución educativa, lo cual ayuda a que el modelo creado corresponda con las mayores necesidades y la propia realidad del plantel. La encuesta se compone de 14 preguntas que se realizaron a 193 estudiantes, de las cuales 161 fueron distribuidos de la siguiente manera: 73 estudiantes del nivel técnico, 35 del nivel tecnológico y 53 del nivel de ingeniería. Finalmente, respondieron la encuesta 20 profesores de todos los niveles de formación y12 directivos de la institución educativa. En el Apéndice A se pueden ver las preguntas que contestaron:

Los resultados de la encuesta muestran tendencias diferenciadas según la población a la que se aplicó. Hay que tener en cuenta que la institución funciona con una estructura de ciclos propedéuticos que se inicia en el nivel técnico, continúa en el nivel tecnológico y termina en el nivel profesional (de ingeniería). Este estudio propone una correspondencia de estos niveles con los niveles cuatro, cinco y seis del Marco Europeo de Cualificaciones (EFQ por sus siglas en inglés); esto, con el fin de integrar la propuesta de los niveles existentes en el país en una propuesta unificada de certificaciones por competencias.

Las diferencias se pueden rastrear agrupando las preguntas según el tema que buscan indagar; con el fin de no hacer el análisis excesivamente extenso, se presenta a continuación una síntesis de los resultados en cuatro grupos: sobre la existencia de criterios de evaluación claros y unificados; sobre la satisfacción del modelo de evaluación; sobre el interés de la comunidad educativa en relación al modelo de evaluación y sobre la necesidad de establecer un modelo de evaluación por competencias.

Luego de cada pregunta, los encuestados tuvieron la posibilidad de justificar su respuesta. Se acompaña la síntesis de resultados con algunos comentarios que aparecieron en las justificaciones a cada pregunta a la vez que se incluye un breve análisis que en todo caso pretende guiar el trabajo de dar respuesta a las preguntas de investigación; por este motivo, esta encuesta exploratoria tanto fundamenta el trabajo, así como lo guía metodológicamente; su importancia además encuentra sentido en el hecho que permite obtener información de la experiencia de los usuarios reales del servicio educativo. En la Tabla 9 se pueden observar los resultados generales obtenidos con la administración de la encuesta de percepción:

Tabla 9.

Resultados de la encuesta de percepción

Público/	Estudiante Técnico		Estudiante Tecnología		Estudiante Ingeniería		Docentes Todo Nivel		Directivos	
PREGUNTA	SI	NO	SI	NO	SI	NO	SI	NO	SI	NO
1	53	20	19	16	31	22	10	10	0	12
2	49	24	23	12	17	36	5	15	1	11
3	47	26	22	13	43	10	14	6	10	2
4	45	28	24	11	18	35	15	5	2	10
5	35	38	17	18	32	21	14	6	12	0
6	52	21	21	14	22	31	12	8	0	12
7	48	25	27	8	27	26	12	8	1	11
8	44	29	23	12	23	30	10	10	0	12
9	55	18	30	5	45	8	15	5	11	1
10	54	19	28	7	46	7	16	4	12	0
11	40	33	24	11	30	23	10	10	11	1
12	49	24	25	10	21	32	8	12	0	12
13	57	16	26	9	45	8	16	4	11	1
14	65	8	25	10	43	10	18	2	12	0

Sobre la existencia de criterios de evaluación claros y unificados (preguntas 1, 2, 5, 7, 8 y 12) los estudiantes reportan respuestas claramente diferentes a los docentes y directivos, como se puede ver en la Figura 8. Los estudiantes de Técnico Profesional en Mecatrónica tienen más inclinación a decir que sí existen criterios para evaluar unificadamente, aunque estos no los tienen claros ni saben explicitarlos; confunden criterios con mecanismos, recursos didácticos y tiempos/espacios de evaluación. Esta tendencia se ve reflejada en los otros dos niveles de formación de los estudiantes.

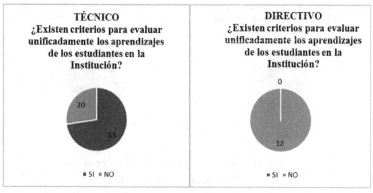

Figura 8. Diferentes percepciones sobre la
existencia de criterios de evaluación

Al igual que los estudiantes, los docentes tienen una marcada inclinación en afirmar que sí existen criterios para evaluar unificadamente; pretenden hacer pasar por medios los fines de la evaluación, lo cual se puede afirmar ya que no hay claridad sobre los criterios y cada uno tiene la razón desde su propio punto de vista; sin embargo, institucionalmente no se han fijados criterios unificados para evaluar los aprendizajes de los estudiantes. En este sentido, los directivos sí son conscientes de que la institución no tiene criterios unificados para evaluar los aprendizajes de los estudiantes.

El lugar donde las competencias se involucran concretamente en el diseño educativo es en el syllabus. Al respecto, la gran mayoría de docentes y la totalidad de los directivos reconocen que se hacen las planeaciones de los syllabus de manera individualizada y no en conjunto. No hay sino el formato institucional, pero el cuerpo o contenido lo pone cada docente, lo cual se puede entender como una mala interpretación de la libertad de cátedra. La institución debe definir criterios claros de evaluación y fijar directrices al respecto.

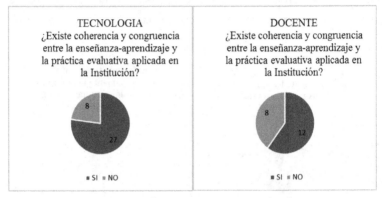

Figura 9. Diferentes percepciones sobre la
congruencia entre enseñanza y evaluación

Las justificaciones de los estudiantes de tecnología demuestran que hay gran coherencia desde la perspectiva de una evaluación de contenidos; pero no desde lo que institucionalmente se proyecta acerca de las competencias. Desde la heteroevaluación sí hay gran coherencia, pero en lo que se refiere a los componentes de coevaluación y autoevaluación no se encuentra información relevante proporcionada por los estudiantes participantes en el estudio puesto que, como se comprobará más adelante, no existen referencias explicitas referidas a estos aspectos de la evaluación, en el modelo actual de la institución; para los estudiantes de ingeniería es claro que se debe fortalecer mucho la coherencia entre lo planeado y lo enseñado, entre lo teórico y lo práctico. Los docentes que manejan el modelo de asignaturas centrado en contenidos, encuentran coherencia mientras que los docentes que se enfocan en el modelo de competencias, ven inconsistencias e incongruencias entre lo planeado y lo desarrollado. Nuevamente llama la atención que, para los directivos, es evidente que no habrá coherencia entre algo que no esté planeado con algo que se da en el libre albedrio de la evaluación que maneja la institución.

Sobre la satisfacción del modelo de evaluación, la encuesta muestra un patrón muy similar al anterior. Los estudiantes del nivel técnico manifiestan más satisfacción por la evaluación a diferencia de los niveles superiores incluyendo docentes y directivos; sin embargo, los que no lo están ofrecen criterios claros de por qué no lo están, mientras los que lo están no ofrecen argumentación de por qué se sienten satisfechos. Las siguientes percepciones recuperadas de la encuesta ofrecen una explicación a este fenómeno.

> "Cada profesor tiene su método de educar, por lo cual cada docente tiene un método de evaluar, y así evaluar los conocimientos adquiridos por cada estudiante" …. "La verdad no conozco qué opina el resto de la comunidad sobre la satisfacción con la evaluación de aprendizajes de los estudiantes" …. "Al no tener conocimiento de estos procesos de evaluación, o no saber reconocerlos, no podemos opinar de forma satisfactoria sobre esto" (Encuesta de percepción, pregunta cuatro).

Debido a que el modelo de evaluación parece estar bajo discreción de los docentes, los estudiantes del nivel técnico encuentran coherencia al interior de cada asignatura, pero son incapaces de vislumbrarla en el conjunto del proceso de formación. En cambio, la mayoría de los estudiantes del nivel de ingeniería dicen abiertamente no estar satisfechos con la evaluación de los aprendizajes adquiridos y lo argumentan con gran variedad de criterios. En este punto, los directivos, conscientes de que deben ponerle empeño y plan de mejora al modelo de evaluación, reconocen que algo no está bien y que llegan a sus oficinas muchas inconformidades sobre la evaluación por parte de los estudiantes.

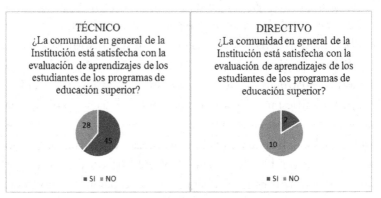

Figura 10. Diferencias en la satisfacción de estudiantes y directivos sobre el modelo de evaluación.

Sobre el interés de la comunidad educativa en relación al modelo de evaluación, se encuentra mayor uniformidad en los resultados, lo que permite deducir una percepción relevante sobre la importancia que se ve reforzada por la congruencia en las respuestas a más de la mitad de las preguntas relacionadas con propuestas a la institución o la consideración personal de que es necesario implementar/mejorar el modelo de evaluación. En particular, las respuestas obtenidas a la pregunta si "Ve necesario mejorar, completar o enriquecer el modelo de Evaluación de Aprendizajes de los estudiantes en la Institución" ilustran una percepción homogénea tanto en el dato cuantitativo como en el cualitativo, resultado de las opiniones escritas. La Figura 11 ilustra el resultado homogéneo descrito anteriormente y permite ver claramente las correspondencias.

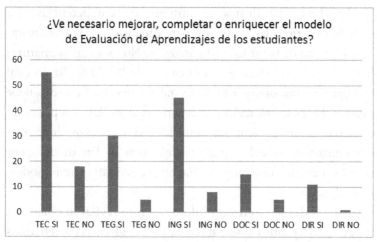

Figura 11. Percepciones sobre la necesidad de un modelo de evaluación.

A continuación, se presentan los resultados obtenidos, que están organizados en cuatro momentos que corresponden a las preguntas de investigación.

Competencias existentes

Con el fin de conocer las competencias existentes en la institución educativa, y dar respuesta a la pregunta de investigación uno ¿Cuáles son las competencias profesionales existentes en el Programa de Ingeniería Mecatrónica de la institución universitaria colombiana donde se realizará el presente estudio?, se revisaron la totalidad de los syllabus de las asignaturas correspondientes al Programa de Ingeniería Mecatrónica. Se hallaron en la sistematización, 632 competencias registradas en los syllabus de las asignaturas. Para poder analizar los datos de mejor manera, se usó la clasificación de WorldSkills para las cualificaciones del nivel cuatro (4) del área de Tecnología en Manufactura e Ingeniería (Manufacturing and Engineering Technology) y se realizó la correspondencia con las asignaturas actuales.

La Tabla 10 ilustra el número de competencias que actualmente tiene la institución para cada una de las asignaturas del programa de Ingeniería Mecatrónica. No todas las asignaturas hallaron correspondencia con el canon de World Skills, lo cual ya deja ver una oportunidad de mejora que este estudio debe asumir. La cuantificación y categorización de las competencias existentes permite encontrar tanto las fortalezas como los vacíos e inconsistencias del actual modelo con el fin de reforzar, transformar e incluir competencias en el diseño del nuevo modelo de evaluación.

Para poder levantar esta información se revisaron cincuenta y siete (57) syllabus que cubren la totalidad de las asignaturas ofrecidas en el programa mencionado. La revisión incluyó el detalle de cada competencia (su descripción); para efectos de este estudio se descartaron las competencias repetidas en la cuantificación y se agruparon según los criterios arriba mencionados (World Skills).

Es importante mencionar, que la cantidad aquí descrita se refiere a lo que actualmente la institución entiende por "competencias" pero que en el nuevo modelo se entenderá por criterios de evaluación. No debe confundirse entonces esta cantidad que se expresa actualmente en términos de competencias con las "competencias específicas" de las que trata World Skills. Como se puede ver, parte del trabajo de este estudio consiste en ayudar a diferenciar los conceptos y estructurar mejor el modelo de evaluación por competencias según las comprensiones actuales que se rastrearon en la institución educativa con el fin de adecuarlas tanto a los conceptos correctos como a las prácticas de diseño que permitan articular en un conjunto orgánico, criterios y competencias de cara al diseño de asignaturas.

Tabla 10.

Competencias por asignaturas actuales en la institución y su correspondencia con WorldSkill

Competencia específica World Skills	Asignatura	Cantidad
Uso industrial de controladores	Microcontroladores	7
	Automatización PCL	5
Software y Programación	Introducción a la programación	6
	Programación	5
Diseño de circuitos	Circuitos eléctricos DC	8
	Circuitos eléctricos AC	8
Análisis, puesta en marcha y mantenimiento		0
Ingeniería de procesos de fabricación		0
Principios del ensamblaje de maquinaria	Tecnología mecánica	6
	Electiva técnica diseño electrónico	10
	MCTR Electrónica de potencia	5
Principios eléctricos y sistemas de control y automatización de la planta	Máquinas eléctricas	7
	Automatismos	5
	MCTR Proyectos de Automatización	17
	Dinámica de sistemas	10
	Electroneumáutica	8
	Robótica	13
	Diseño MCTR Mecatrónico	12
	Diseño MEC mecatrónico	11
Desarrollo de sistemas mecatrónicos	Sistemas de Control I	31
	Sistemas de Control II	21
	Sistemas de Control I	12
	Diseño Mecánico Mecatrónica	9
	Estática Mecatrónica	12

	Comprensión Oral y Escrita	5
	Expresión Gráfica	16
	Inglés I	13
	Inglés II	16
Habilidades de comunicación interpersonal	Inglés III	18
	Inglés IV	17
	Inglés V	14
	Inglés VI	14
	Inglés VII	19
Organización del trabajo y gestión	Administración	2
Total		362

Es importante señalar que la institución escogida es regentada por una comunidad religiosa que incorpora al currículo un grupo importante de asignaturas del área humanística. Además, hay una serie de asignaturas que corresponden a un núcleo de fundamentación que en principio no son clasificables dentro de las cualificaciones propuestas por World Skills. En la Tabla 11 se pueden observar las asignaturas que se encuentran fuera de una clasificación posible.

Tabla 11.
Asignaturas de Fundamentación y Humanidades que requieren una clasificación particular

Núcleo	Asignatura	Cantidad
	Humanidades	5
	Ética	5
Humanidades	Bioética	5
	Electiva Humanidades I	5
	Electiva Humanidades II	5
Investigación	Fundamentos de Investigación	30

	Electrónica análoga	4
	Electrónica digital	12
	Introducción a la tecnología	6
	Dinámica	11
	Materiales de ingeniería	8
	Mecánica de fluidos	10
	Resistencia de materiales	15
	Termodinámica	11
	Algebra lineal	20
Fundamentación	Cálculo diferencial	10
	Cálculo integral	13
	Ingeniería económica	11
	Ecuaciones diferenciales	6
	Estadística	10
	Física mecánica	9
	Matemática básica	11
	Matemáticas especiales	14
	Química	34
Total		270

Como se puede apreciar, cincuenta y cinco (55) competencias hacen parte de los núcleos de Humanidades e Investigación que operan actualmente en la institución. Las doscientas quince (215) restantes son asignaturas de fundamentación. Realizando una agrupación más profunda, se logra una apreciación en conjunto de las competencias existentes en la institución y es posible ponderar tanto los énfasis implícitos (que de alguna manera pueden significar fortalezas de la institución) como los puntos débiles de la propuesta curricular reflejada en el modelo de evaluación actual.

Ya que el componente de fundamentación tiene una importancia tan alta (un 34%) en relación al componente disciplinar (36%) será necesario en la propuesta del modelo incluirlo de manera explícita y coordinada. Llama la atención que el tercer componente con mayor cantidad de competencias es el de "Habilidades de comunicación interpersonal" con un 21%. Es importante mencionar aquí que estos datos sólo reflejan opciones (implícitas o explícitas, conscientes o inconscientes) de la institución educativa

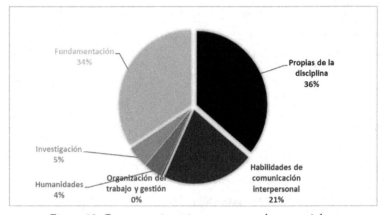

Figura 12: Competencias existentes agrupadas por núcleos

y que en modo alguno pueden entenderse como tipos ideales. Tampoco existe un acuerdo entre las propuestas de diseño educativo del peso que debe tener uno u otro núcleo. ¿De qué depende entonces el peso que se le da a los núcleos de formación? Depende de la relación y el balance que la institución educativa haga de las necesidades sociales y del sector productivo con sus propias fortalezas y opciones. El modelo que se deriva de este estudio, busca explícitamente tal balance como propuesta.

Lo que se ha llamado "núcleo de competencias propias de la disciplina" corresponde a todas las asignaturas referidas directamente al campo en que fueron agrupadas por afinidad temática con las cualificaciones propuestas por World Skills. Sin embargo, como se pudo comprobar en la Tabla 11, las asignaturas se correspondieron de manera desigual con las cualificaciones, lo que también permite ver énfasis particulares de la institución educativa.

Como se puede ver en la Figura 6, el área de "Desarrollo de Sistemas Mecatrónicos" ocupa más de la mitad de las opciones disciplinares con un 56% de competencias vinculadas. Le sigue con un 24% el área de "Principios eléctricos y sistemas de control y automatización de la planta". El resto de las áreas representan entre el 3% y 7% de las opciones de la institución educativa. En la construcción del modelo se tendrá en cuenta entonces esta distribución y se buscará un balance adecuado entre los sectores académico, social y productivo basado en la experiencia de la institución y la buena recepción de sus estudiantes como lo reporta la institución quien asegura unos altos índices de empleabilidad de sus estudiantes.

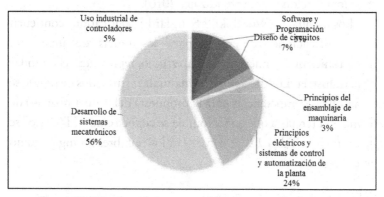

Figura 13. Distribución porcentual de competencias existentes en la institución según cualificaciones World Skill.

Competencias requeridas

¿Cuáles son las competencias profesionales requeridas según las necesidades de la Industria de Ingeniería Mecatrónica en Colombia? Para responder esta segunda pregunta de investigación, se utilizaron dos fuentes de información. La primera, son los desarrollos que hace la experiencia internacional y en particular la británica, por proveer de mecanismos de certificación de cualificaciones, especialmente a la salida de la escuela secundaria y lo que aquí se denomina educación terciaria. Haciendo parte de la compañía educativa Pearson, el Concejo para la Educación Tecnológica y de Negocios (Business and Technology Educational Council), BTEC por sus siglas en inglés, ofrece certificación de cualificaciones para todos los niveles educativos. Esta experiencia británica va a ser enriquecida por "World Skills", que en palabras del Servicio Nacional de Aprendizaje – SENA, es "una organización que busca mejorar los estándares y las normas de formación para el trabajo a nivel mundial, a través de competencias internacionales (torneo mundial) donde se miden las habilidades técnicas y tecnológicas por medio de proyectos prácticos que se desarrollan cada dos años" (Servicio Nacional de Aprendizaje, 2016).

Los manuales "WorldSkills Standard Specification" contienen las cualificaciones esperadas para los temas de ingeniería mecatrónica que es nuestro caso de estudio, representan el estándar de la industria. Los dieciséis (16) manuales estudiados de donde se tomaron las competencias para la propuesta del primer nivel (4) de formación terciaria que en Colombia se conoce como "Técnico" se ilustran en la Tabla 12; se conservan los nombres en inglés como en el original.

Tabla 12.
WorldSkills Standard Specification usadas para la construcción del modelo.

Skill Code	Skill Name
01	Polymechanics and Automation
02	Information Network Cabling
03	Manufacturing Team Challenge
04	Mechatronics
05	Mechanical Engineering Design CAD
06	CNC Turning

07	CNC Milling
09	IT Software Solutions for Business
10	Welding
16	Electronics
18	Electrical Installations
19	Industrial Control
23	Mobile Robotics
40	Graphic Design Technology
45	Prototype Modelling
D3	Industrial Mechanics Millwright

Fuente: Elaboración propia a partir de WorldSkills
Standards Specifications. (World Skills, 2016).

La correspondencia de los niveles del vigente Marco Europeo
de Cualificaciones (EFQ) que rige varios Marcos Nacionales de
Cualificación y que sirven de referencia para las principales industrias
del sector, con los ciclos propedéuticos de formación que funcionan
en Colombia, va a permitir desarrollar un modelo de evaluación
por competencias que desde ya encuentre correspondencia con
los futuros Marcos Nacionales de Cualificación que se están
diseñando e implementando en el país.

Fruto del análisis de las distintas fuentes tanto propias de
la institución que se encontraron en los syllabus del Programa
de Ingeniería Mecatrónica, como externas halladas en los
estándares de World Skills, se diseñó una "Matriz de Indicadores
y Competencias" que incluye los tres niveles (cuatro, cinco y
seis – técnico, tecnólogo e ingeniero). Esta matriz integra, como
se señaló en el capítulo segundo de este trabajo (Figura 4), los
niveles Técnico, Tecnológico e Ingeniería (correspondientes a su
vez a los niveles cuatro, cinco y seis del EQF), los criterios de
cada competencia específica que ha diseñado World Skill para
el nivel cuatro (4), y los resultados de aprendizaje en términos de
competencias, destrezas y conocimientos que también formula
el EQF.

De esta manera, se crea una matriz integrada y clara que posteriormente será validada por la comunidad académica de la institución y luego por el sector productivo convocado a participar. El trabajo que sigue, consistió en tomar las diez (10) competencias específicas que previamente se seleccionaron y pusieron en relación, con las asignaturas; esto con el fin de revisar y traducir la propuesta de World Skill para el nivel cuatro (4) y así proponer un diseño orgánico y consecuente con las exigencias de los futuros Marcos Nacionales de Cualificación al tiempo que con las necesidades prácticas en términos de diseño educativo de la institución.

En la Figura 14 se ilustra la estructura de la matriz para los tres niveles de formación, indicando cómo se vería en concreto al implementar la propuesta que desarrolla en este estudio:

Nivel		Técnico	Tecnológico	Ingeniería	
Módulo	Temas	Competencia específica			
	T1				Criterios
	T2				
	T3				
	T4				
	T5...				
Competencias					
Destrezas					Resultados
Conocimientos					

Figura 14. Matriz de competencias específicas con criterios de evaluación

Los hallazgos en relación a las competencias específicas y sus criterios para el nivel cuatro (4) se agrupan en cinco tablas correspondientes a las diez (10) competencias que constituyen el cuerpo central de un programa de mecatrónica. Estas se pueden consultar en el Apéndice B. En cada competencia específica se detalla lo que "el individuo tiene que saber y entender" y lo que "el individuo tiene que ser capaz de" hacer.

Criterios de evaluación actuales que utilizan los docentes

La institución educativa plasma los criterios que guían su proyecto pedagógico (y por tanto evaluativo) en su Proyecto Educativo Universitario (PEU). En dicho documento, se señala el sentido de la evaluación por competencias como parte de la Formación Integral; allí indica que la institución "adoptó los lineamientos curriculares para la formación integral y evaluación por competencias a los protagonistas de la acción educativa para lograr el cumplimiento de la misión institucional" (ETITC, 2016). El mismo documento especifica que la "la evaluación por competencias debe permitir validar habilidades y destrezas que alcancen los estudiantes en sus programas, entendidas como el saber-hacer las cosas, saber conocer y saber-ser" (ETITC, 2016).

Un hallazgo importante en este estudio fueron los criterios sobre los cuales se deben crear los syllabus en concordancia con lo expresado por el Proyecto Educativo Universitario. A continuación, se citan en extenso y se responde a la tercera pregunta de investigación de este estudio: ¿Cuáles son los criterios que tienen los docentes de los programas de Ingeniería Mecatrónica de una institución de educación superior colombiana, para evaluar los aprendizajes por competencias profesionales de los estudiantes?

Los syllabus deberán propender al desarrollo de competencias tales como:

- Competencia para estructurar, ponderar, procesar y ordenar información con una intención específica para la definición y gestión de proyectos.
- Competencia para proyectar, entendida como la capacidad de interpretar el contexto espacio-temporal determinado y optimizando el uso adecuado de los recursos y la actividad humana a través de elementos perceptibles.
- Competencia para el manejo de la comunicación de la forma perceptible y de los medios a través de los cuales ésta se representa y formaliza.
- Competencia para apropiar y utilizar conocimiento con herramientas de la ciencia y tecnología.
- Competencia para la gestión, que implica interactuar, desde la dimensión del Proyecto en entornos públicos y privados, en los campos administrativos, económicos, productivos y de Mercado.
- Competencia para innovar proponiendo nuevos modelos que orienten el desarrollo de la cultura y el avance tecnológico.
- Competencia para desarrollar y aplicar los conceptos y métodos propios de la disciplina para el desarrollo de los proyectos e Investigaciones.
- Competencia para interactuar con el entorno social y el medio ambiente de manera responsable, crítica y ética.
- Competencia para modelar matemáticamente situaciones o problemas propios de la ingeniería, con el propósito de comprenderlos, controlarlos y predecir sus resultados.
- Competencia para comunicarse de manera gráfica y textual, utilizando medios propios de la ingeniería como planos, catálogos, cartas técnicas, informes y otros.
- Competencia para utilizar aplicativos de computador específicos de la carrera. (ETITC, 2016).

Aun teniendo en cuenta los anteriores criterios que el PEU formula en términos de competencias, el documento no habla explícitamente de un "modelo de evaluación". En un apartado llamado "fundamentación pedagógica" se ilustran el enfoque y el modelo pedagógico. El enfoque pedagógico de la institución subraya de manera explícita como característica del mismo, la relación con el sector productivo. Esta marca particular de la institución, reflejada en su índice de empleabilidad, ofrece un contexto muy favorable para la integración de su propuesta pedagógica en un Marco de Cualificaciones.

Por otra parte, el documento señala que los docentes "utilizan diferentes estrategias de enseñanza", lo que sugiere que, al no haber de manera explícita un modelo unificado de evaluación por competencias, las distintas estrategias de enseñanza que quedan a discreción de cada profesor, pueden derivar en distintos modelos de evaluación.

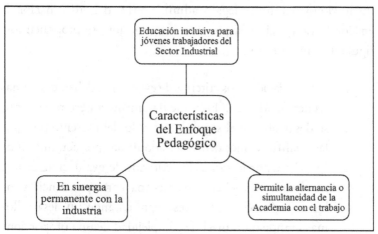

Figura 15. Características del Enfoque
Pedagógico. Fuente: (ETITC, 2016)

La información recopilada, resulta relevante para el estudio de los distintos intentos que hay al interior de la institución, por configurar un modelo educativo de evaluación bajo la lógica de las competencias. Los resultados de este trabajo ayudarán no sólo al programa de Ingeniería Mecatrónica sino a toda la institución a aclarar sus apuestas educativas y a configurar un modelo de evaluación con unidad de criterios y perspectiva de certificación y transferencia.

Criterios para la construcción de la matriz de indicadores para los niveles cinco y seis

¿Cuáles deben ser los criterios de evaluación por competencias profesionales especificas en los niveles cinco y seis para el programa de Ingeniería Mecatrónica de una institución de educación superior colombiana?

La respuesta a esta cuarta pregunta de investigación guía la elaboración del corazón de la propuesta que representa este trabajo. Luego de un detenido análisis de la situación actual de la institución y del marco legal y administrativo del orden nacional en donde va a incidir la presente investigación, se proponen los siguientes tres criterios:

1. Secuenciación: Los criterios de evaluación deben tener una secuencialidad con los inmediatamente anteriores. Como se desarrolló en el segundo capítulo del presente trabajo, las cualificaciones deben ser adquiridas por acumulación (p. 32) y, por lo tanto, los criterios de evaluación de un nivel superior deben mostrar una correspondencia con los de los niveles anteriores, representando un desarrollo más grande o un nivel de complejidad de una proporción mayor. Esto implica una correspondencia como se ilustra en la Tabla 1 (p. 33).

2. Participación: Los actores educativos implicados y/o afectados por las decisiones tomadas por el modelo de evaluación propuesto deben poder participar activamente.

Para ello, no sólo se contó con ellos para conocer su percepción a través de la encuesta, sino que se presentó la propuesta general del proyecto de investigación y la específica de los nuevos criterios de evaluación en un grupo focal que contó con la participación de estudiantes, exalumnos, profesores, directivos y tres representantes del sector productivo.

3. Accesibilidad y Unidad: la información recopilada en la matriz debe ser de fácil acceso para todos los actores educativos. Puesto que se trata de un documento pedagógico que tendrá un uso cotidiano en la institución, debe mostrar tanto conformidad con los requerimientos nacionales e internacionales (ver Recomendación 195 de la que se habla en el capítulo 2) como unidad de criterios, para que la solidez de la matriz permita su mejor apropiación.

En el Apéndice C, se presenta la propuesta de criterios de evaluación para los niveles cinco y seis en cada una de las competencias específicas seleccionadas. En el siguiente capítulo se discutirán estos hallazgos con el fin de ponerlos en perspectiva y lograr una comprensión del fenómeno y sus implicaciones en el contexto de la discusión nacional.

Capítulo 5: Discusión

Siendo el propósito del estudio "elaborar un modelo de evaluación de aprendizajes por competencias profesionales, bajo los criterios de la perspectiva de certificación internacional vigentes para el programa de Ingeniería Mecatrónica ofrecido por una institución de educación superior colombiana (MNC)", este capítulo busca discutir los hallazgos encontrados durante la recolección de información.

La discusión que se sintetiza aquí, se realizó en dos niveles: el primero, consistió en el análisis en grupo focal, tanto del planteamiento de la investigación como de buena parte de los resultados. El segundo, se concentró en relacionar los hallazgos para comprender algunas tendencias y obtener una visión tanto del fenómeno estudiado como de la propuesta desde una distancia que permita una visión de conjunto. Se ha dividido la discusión en cinco apartes que buscan tocar puntos importantes que fueron tornándose relevantes a lo largo del estudio.

Competencias vs. Criterios de evaluación

Durante la búsqueda y análisis de información se encontró que el Proyecto Educativo Universitario – PEU, contempla 11 competencias generales que sirven como guía para la elaboración del syllabus de cada asignatura. Como se pudo observar en el capítulo anterior, se hallaron 632 competencias en todas las asignaturas, de las cuales 362 corresponden a la formación disciplinar en mecatrónica.

El alto número de competencias, resulta inmanejable desde cualquier punto de vista administrativo y pedagógico, y puede deberse a una confusión entre lo que verdaderamente es una competencia y lo que es un criterio de evaluación. Por ello, en este estudio se propone pasar de 362 competencias propias de la disciplina, a diez 10 competencias específicas con 237 criterios de evaluación. El cambio, que es bastante sustancial, va a permitir a la institución educativa en general y al programa de Ingeniería Mecatrónica en particular, unificar sus criterios de evaluación, simplificándolos, al tiempo que se está logrando cubrir áreas que no estaban contempladas en la propuesta anterior.

Una vez esos criterios se encaminan a lo que realmente son las competencias, entonces se logra una claridad que permite diferenciar núcleos comunes de posibles énfasis formativos que la institución decida escoger. Buena parte de la estructura de la propuesta de esta investigación, consiste en esta diferencia entre competencias y criterios de evaluación, los cuales deberán tener una correspondencia epistemológica con la estructura de conocimientos, destrezas y competencias del Marco Europeo de Cualificaciones (Caro 2011, p. 81). De esta manera, se logra un perfil bien definido, con unas competencias que lo evidencian y unos criterios de evaluación que permiten al profesor, evaluar, medir y evidenciar el aprendizaje, y en el futuro, cualificarlas.

El nuevo balance de criterios de evaluación de competencias específicas

En la Tabla 13, se ilustra de manera comparada la diferencia entre el modelo actual de evaluación y el modelo propuesto unificado por competencias. Como se puede observar, se equipararán en el "estado actual" lo que la institución conoce por competencias, con los criterios de evaluación de las competencias de toda la propuesta. En la Tabla 13 se puede ver la comparación directa del estado actual con la propuesta en columnas inmediatas, seguidas de los niveles cuatro, cinco y seis desagregados para facilitar la comparación. Esto permite entender que la creación del modelo de evaluación propuesto en este trabajo, contribuye con la reingeniería de la propuesta curricular ayudando a que, desde la estructura misma de las competencias específicas, la oferta educativa sea más clara, trazable y evaluable, como también, más pertinente a la realidad social, tal como lo subraya el documento del Comité Nacional de Política Social (CONPES, 2010).

Tabla 13

Consolidado de criterios de evaluación por competencias específicas

Competencia específica	Estado actual	Propuesta	Técnico	Tecnólogo	Ingeniero
Uso industrial de controladores	12	15	6	4	5
Software y Programación	11	18	5	5	8
Diseño de circuitos	16	20	7	7	6
Análisis, puesta en marcha y mantenimiento	0	26	11	8	7
Ingeniería de procesos de fabricación	0	21	9	7	5
Principios del ensamblaje de maquinaria	6	18	8	6	4
Principios eléctricos y sistemas de control y automatización de la planta	54	26	10	8	8
Desarrollo de sistemas mecatrónicos	129	34	13	12	9
Habilidades de comunicación interpersonal	132	29	12	7	10
Organización del trabajo y gestión	2	30	15	7	8
Total	**362**	**237**	**96**	**71**	**70**

Sin duda alguna, es contundente la comparación y el cambio propuesto. Se destaca como correspondencia el hecho que las tres áreas del "estado actual" con mayor número de "competencias", a saber "Habilidades de comunicación interpersonal" (132),

"Desarrollo de sistemas mecatrónicos" (129) y "Principios eléctricos…" coinciden con las tres competencias específicas que tienen mayor número de criterios de evaluación: 29, 34 y 26, respectivamente. Esto quiere indicar que tiene sentido la proporción escogida por la institución, aunque sea desproporcionado el número de criterios de evaluación escogidos.

El nuevo balance logrado, refleja no solo uniformidad sino una solidez estructural que va a permitir a la institución no sólo mejorar su sistema de evaluación, sino favorecer un mejor seguimiento del proceso de aprendizaje de los estudiantes y asegurar, a través de una futura cualificación, la correspondencia con Marcos de Cualificaciones. La correspondencia de la que se habla, se logra cuando se estructuran de manera orgánica las competencias específicas y luego se construyen de manera proporcional los criterios de evaluación.

Esto reviste la mayor importancia porque las competencias específicas propuestas se mantienen durante todos los niveles de los Marcos de Cualificación mientras que lo que varían son los criterios, en cantidad y cualidad. El conservar las mismas competencias específicas a lo largo de niveles, es lo que permite en la práctica certificar cualificaciones, según como pudimos corroborar en la experiencia internacional en la revisión de literatura. Con estos resultados aquí discutidos, es posible corroborar en la práctica la virtud y sentido que halla la estructuración elaborada y montada sobre un Marco de Cualificaciones.

La siguiente Figura 16, ilustra mejor y de manera gráfica la nueva propuesta frente al modelo actual.

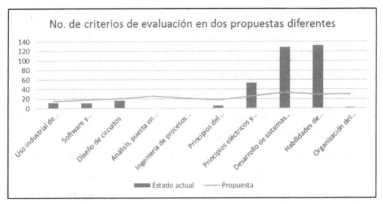

Figura 16. Comparación del estado actual y
la propuesta fruto de este estudio.

Una manera de entender este desbalance, así como la
desproporción que se evidencia en la gráfica consiste en comprender
que el modelo pedagógico actual de la institución se concentra en
las asignaturas como el elemento clave y ordenador de la propuesta
curricular y no en las competencias. Estas últimas parece que se
derivan de los contenidos de las asignaturas, razón por la cual de
manera aleatoria se multiplican dichas competencias según los
criterios individuales de cada profesor.

A pesar que esto se podría entender como una falencia
mayúscula, no lo es en el sentido en que, la institución brinda una
educación de altísima calidad, ocupando siempre los primeros
puestos a nivel nacional en los resultados de las Pruebas de Estado
para la Educación Superior. No se trata entonces de inventar de
la nada un modelo de evaluación por competencias, sino por el
contrario, brindar la oportunidad a la institución de ajustar el
modelo existente en una forma que corresponda con un Marco
Nacional de Cualificaciones y lograr unidad de criterios a la hora
de buscar que entidades de educación externas certifiquen la
formación que se le da a sus estudiantes.

En relación al modelo propuesto, la siguiente Figura 17
muestra un balance favorable y una proporción más equilibrada

de los criterios de evaluación para cada una de las competencias específicas a medida que se va aumentando el nivel de formación. Es importante mencionar que la presente propuesta no pretende convertirse en norma ya que cada institución educativa en el diálogo que hace con las necesidades de la sociedad y del sector productivo, puede establecer proporciones distintas en el número de criterios de evaluación por cada competencia específica.

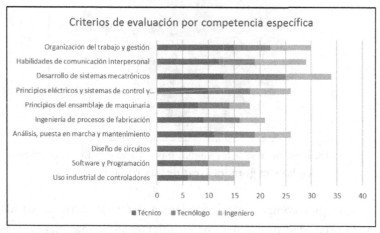

Figura 17. Cuadro comparativo de criterios de
evaluación por cada nivel ofrecido

El núcleo de fundamentación y la formación para la investigación y la innovación.

Aunque no es propósito del presente estudio organizar la totalidad de la propuesta curricular de la institución educativa, sí cabe en este apartado de discusión señalar el particular hallazgo sobre el núcleo de fundamentación. Al respecto, es importante recordar que en relación al núcleo de fundamentación se encontraron 270 competencias frente a 362 del núcleo propiamente disciplinar, lo que corresponde a un 34% de competencias de todo

81

el componente de formación, muy cercano al 36% de competencias referidas directamente al área disciplinar de la mecatrónica.

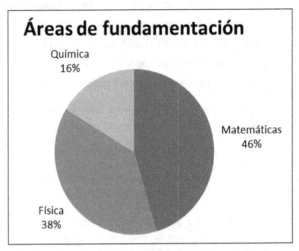

Figura 18. Distribución de las asignaturas del área de fundamentación en las tres grandes áreas de las ciencias básicas.

Este gran componente de fundamentación encuentra su virtud en la capacidad que tienen los estudiantes de ir más allá de las operaciones para captar los aspectos científicos de base del campo de acción de la mecatrónica, así como de preparar fundamentos que les permitan diseñar innovaciones más allá del mantenimiento y control esperado en el campo laboral/operativo.

En la diferenciación que hace el recién creado Sistema Nacional de Educación Terciaria – SNET, que divide dicho tipo de educación en dos pilares (uno universitario estrictamente y uno técnico), se da la razón de la fundamentación. Si el Servicio Nacional de Aprendizaje – SENA, que es actualmente la institución pública con mayor cobertura en el área de la formación técnica, quisiera incursionar en el campo de la formación para la ingeniería, debería incorporar mayor fundamentación (y en opinión de este estudio un área humanística) ya que en los estándares internacionales no se incorpora.

En relación al área de humanidades, se considera que los actuales Marcos Nacionales de Cualificación - MNC se centran exclusivamente en el área disciplinar y no incluyen ni siquiera implícitamente elementos de humanidades como parte de la formación integral. La Figura 19 ilustra como ejemplo, la actual composición del área de Humanidades, según las asignaturas que dirige.

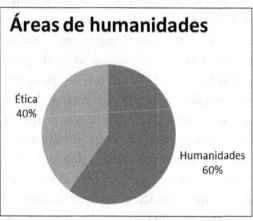

Figura 19. Distribución actual de las asignaturas del área de Humanidades

Un componente de investigación e innovación

Si bien en general la ingeniería se orienta a la solución de problemas, lo que implica en resumidas cuentas desarrollos concretos basados en la innovación, en los estándares reseñados anteriormente no se habla explícitamente de una formación para la investigación.

Considerando entonces que el Nivel 6 sólo es posible desarrollarlo con un fuerte componente de investigación, puesto que los criterios de evaluación tienen que ver con la posibilidad de crear, ("ingeniar") en este nivel superior del aprendizaje, este estudio considera de la mayor relevancia, que la institución dedique hasta treinta (3) criterios de evaluación para el tema de la investigación, integrando dichos criterios en una asignatura.

Este estudio considera que integrar al currículo un núcleo de formación en investigación constituye no sólo un valor agregado sino también un elemento diferenciador de otras propuestas que se centran exclusivamente en la formación para el trabajo. La demanda de profesionales calificados que hace el sector productivo, se centra principalmente, para el caso de la ingeniería mecatrónica, en el mantenimiento y control, y en menor caso en el diseño de soluciones. Sin embargo, como se sabe, la innovación en la industria es un tema muy importante. Que la institución forme a sus estudiantes en la investigación, es de gran valor, y por eso este estudio recomienda que como complemento a las áreas propiamente disciplinares, se complemente también la formación integral con una preparación en habilidades de investigación.

Lo anterior tiene sentido en la estructura misma del modelo de evaluación que se propone aquí. Como se dijo en el capítulo anterior, la "secuencialidad" es uno de los criterios para la elaboración del modelo, y la investigación se encuentra como un momento de un proceso que culmina en ella. En la Figura 20, se ilustra esta secuencialidad para el caso de las competencias específicas del núcleo de formación disciplinar de la ingeniería. El último momento que expresa el máximo desarrollo de la competencia en condiciones de un grado alto de autonomía (lo cual sólo es posible luego de una buena formación de base), sólo es posible entonces, con una formación en la investigación para la innovación.

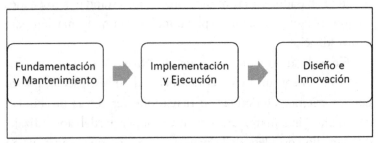

Figura 20. Ejemplo de secuencialidad en el desarrollo de competencias

Como fruto de los hallazgos analizados aquí, y de la estructura propuesta, el estudio considera además que la investigación podría ser además, una herramienta de aprendizaje (Díaz Meza & Hernández Bello, 2004) que oriente la formación desde su etapa inicial, a la solución de problemas y al diseño de propuestas innovadoras.

Beneficios y límite de los estándares

El presente estudio, buscó crear un modelo de evaluación por competencias que estuviera en concordancia con un Marco Nacional de Cualificación a la par que, creando dicho modelo específico para un programa académico particular, contribuyera tanto a la discusión nacional como al diseño del mismo marco, dada la coyuntura política y educacional colombiana actual.

Buscar la unificación de criterios, la correspondencia y cualificación de las competencias, así como su certificación, no es otra cosa que de alguna manera estandarizar las propuestas curriculares para lograr dicha adecuación. Esto implica un beneficio muy grande, el cual se ha explicado en el primer y segundo capítulo de la presente investigación.

Sin embargo, los estándares hay que entenderlos en sus justas proporciones, pues sirven a intereses concretos, pero en ellos no se agota ni la comprensión de lo educativo ni mucho menos la formación integral. Los estándares sirven para lograr concreción y transferencia de nuestras propuestas educativas, como parte de ellas y no como su totalidad. Por ello, las propuestas de educación integral, siempre deben, en diálogo con la sociedad, indicar núcleos adicionales (no por ello secundarios) a las propuestas estandarizadas. Este estudio, quiso retomar en su análisis los hallazgos que mostraron cómo la institución educativa analizada, incluye núcleos de formación en áreas de fundamentación (ciencias básicas), humanidades e investigación.

No sólo entonces se establecen diálogos con el sector productivo, sino que, con esta visión, se sigue entendiendo a la educación como un proyecto social y político de la mayor relevancia para el desarrollo de los países.

Conclusiones

¿Se ofrece un aporte real con esta investigación? A la necesidad de la existencia de un modelo de evaluación para los programas de ingeniería, construido sobre un Marco de Cualificaciones, este estudio responde con una propuesta concreta y sólida. No sólo la respuesta es positiva, sino que además de ofrecer una solución real e implementable en una institución educativa, este estudio acontece en un momento en que el país colombiano se encuentra en el diseño e implementación de un Marco Nacional de Cualificaciones. A continuación, se presentan unas conclusiones generales que pretenden dar cuerpo a la discusión y proyectarla a futuras realizaciones.

La dimensión conceptual de este estudio arrojó importantes resultados en la diferenciación y delimitación de conceptos y su relacionamiento. La discusión sobre marcos, núcleos de formación, competencias, criterios de evaluación y resultados permitió organizar la información, construir la matriz y al mismo tiempo, identificar y caracterizar la información que se recopiló. En el fondo, la estructura de un modelo de evaluación por competencias tiene un carácter conceptual que le aporta lógica y consistencia interna. A pesar de su carácter práctico y en ocasiones procedimental, un modelo de evaluación por competencias supone una teoría del conocimiento y una reflexión epistemológica concomitante.

El límite de los estándares, señalado en este apartado, ayuda a entender la estandarización en medios globales como un requisito para la transferencia de conocimiento. La globalización, impone estos retos y corresponde a las instituciones educativas afrontarlos creativamente, al subordinar estas iniciativas de política pública en materia de educación a los proyectos sociopolíticos de los estados. De aquí, que, al proponer una formación integral, este estudio efectúe una diferencia entre instrucción y educación: la primera se refiere al entrenamiento de habilidades y la segunda a la formación de un sujeto con un proyecto personal y social. Las tensiones entre uno y otro, que son frecuentes, deben balancearse en el diseño educativo. Esto es muy importante para no cosificar la educación.

Cuando las competencias tienen criterios claros y precisos, la evaluación es más sólida, es verificable. En el nuevo modelo se incluyen resultados de aprendizaje en términos de conocimientos, destrezas y competencias. Cuando una competencia se desarrolla en diferentes niveles y encuentra su evolución en grados más avanzados, permite una mayor complejidad y desarrollo de la misma, al tiempo que abre las posibilidades a que los estudiantes de manera creativa hallen espacios para la innovación y la transferencia de conocimiento.

Como resultado del estudio, se ofrece una matriz de competencias que constituye el modelo de evaluación propuesto. La elaboración de la matriz, tiene un propósito didáctico y es facilitar la planeación de las asignaturas y espacios académicos y de práctica que la institución decida pertinentes para la realización de dichas competencias. Ofrecer una solución como parte de un estudio de estas características, tiene mucho sentido porque contribuye no solo de manera abstracta sino también de manera concreta a facilitar el diseño educativo y la implementación de nuevas políticas.

Una de las finalidades de este estudio es lograr a partir de una propuesta concreta, incidir en la creación de política pública para la educación superior. Estas discusiones que se realizan aquí, encuentran eco en la actual coyuntura educativa colombiana y sin duda alguna contribuirán en el diseño tanto de políticas como de propuestas pedagógicas para la educación terciaria como se propone en la reciente creación del Sistema Nacional de Educación

Terciaria. El valor de las propuestas concretas, también reside en que acumulan experiencias de años de realización y han sido probadas en el terreno de la práctica concreta.

Recomendaciones

Es importante, propender por una planeación institucional que permita identificar las competencias que a lo largo del proceso educativo se van a desarrollar, identificando sus criterios en donde los resultados (en términos de conocimientos y destrezas) se logren evidenciar, medir y certificar.

Dentro del núcleo de humanidades, este estudio recomienda incluir la asignatura de "ética profesional" ya que los ingenieros en su etapa productiva – profesional, requieren de criterios para la toma de decisiones y de principios que orienten la acción en situaciones complejas o donde los efectos de su actuar tengan una repercusión más allá de su persona.

Una proyección posible para la realización de otros estudios a partir de esta investigación se encuentra en el diseño de criterios para la creación de espacios académicos (asignaturas) que integren las realizaciones que aquí se lograron. Esto con el fin de brindar pistas metodológicas para el diseño micro-curricular y la creación de métodos y didácticas de enseñanza y aprendizaje orientados al desarrollo de las competencias específicas aquí planteadas.

Con referencia a la investigación, en el nuevo Sistema de Educación Terciaria – SNET el Pilar de Educación Técnica y Tecnológica, su inclusión ayudará a que los programas de dicho pilar no queden rezagados frente al modelo universitario; por el contrario, permitirá que sean competitivos. De esta manera, los modelos de educación Técnica y Tecnológica deben considerar y fortalecer los núcleos de fundamentación, investigación (innovación y desarrollo) y de humanidades.

Referencias

Abbagnano, N., & Visalberghi, A. (1987). *Historia de la pedagogía*. México: Fondo de Cultura Económica.

Ausubel, D. P. (2002). *Adquisición y retención del conocimiento: una perspectiva cognitiva*. Barcelona: Paidós.

Billorou, N., & Vargas, F. (2010). *Herramientas básicas para el diseño e implementación de marcos de cualificaciones guía de trabajo*. Montevideo: Cinterfor/OIT. Recuperado a partir de http://www.ilo.org/public/libdoc/ilo/2010/460367.pdf

Bonnefoy, J. C., Gamarra, J., Molina, C. G., & Steinvorth, C. (2009). CoP Guía No. 1 COMUNIDADES DE PRÁCTICA 101. Banco Interamericano de Desarrollo.

Caro, B. L. (2011). *Bases para la construcción de un Marco Nacional de Cualificaciones* (Consultoría No. Contrato 181 de 2010) (p. 531). Bogotá: Ministerio de Educación Nacional; Banco Interamericano de Desarrollo.

Celis Giraldo, J. E. (2013). *El futuro del sistema de aseguramiento de la calidad de la educación superior en Colombia: recomendaciones para su fortalecimiento*. Bogotá: Ministerio de Educación Nacional : Convenio Andrés Bello.

CNA. (2014). Lineamientos para la Acreditación Institucional. Consejo Nacional de Acreditación. Recuperado a partir de http://www.cna.gov.co/1741/articles-186359_Lin_Ins_2014.pdf

CONPES. (2010). Lineamientos de política para el fortalecimiento del Sistema de Formación de Capital Humano SFCH - CONPES 3674. Recuperado a partir de http://www.colombiaaprende.edu.co/html/home/1592/articles-277170_3674.pdf

Contreras, J. G. (2014). *Manual para la elaboración e implementación de un modelo de evaluación por competencias.* Palibrio.

Díaz Meza, C., & Hernández Bello, Á. (2004). La escuela que investiga es una escuela que aprende: Algunas consideraciones sobre la acciòn investigativa y sus efectos en la organización escolar hoy. *Actualidades Pedagógicas, 44,* 105–120.

ETITC. (2016). Acuerdo 05 de 27 de Julio de 2016. Por el cual se adopta el Proyecto Educativo Universitario - PEU de la Escuela Tecnológica Instituto Técnico Central ETITC.

Fernández March, A. (2010). La evaluación orientada al aprendizaje en un modelo de formación por competencias en la educación universitaria. *REDU. Revista de Docencia Universitaria, 8*(1), 11.

Flórez Ochoa, R. (1999). *Evaluación pedagógica y cognición.* Bogotá, Colombia: McGraw-Hill.

Hernández Hernández, P. (1991). *Psicología de la educación: corrientes actuales y teorías aplicadas.* México: Trillas.

Lupiáñez Gómez, J. L., & Rico Romero, L. (2008). Análisis Didáctico y Formación Inicial de Profesores: Competencias y Capacidades en el Aprendizaje de los Escolares. *PNA, 3*(1), 35–48.

Martin, G. (2013). Guía Comunidades de Práctica. Programa de las Naciones Unidas para el Desarrollo - PNUD.

Ministerio de Educación Nacional de Colombia. (2016a). Marco Nacional de Cualificaciones. Recuperado el 11 de julio de 2016, a partir de http://aprende.colombiaaprende.edu.co/es/snet/89211

Ministerio de Educación Nacional de Colombia. (2016b, mayo 31). "El Sistema Nacional de Educación Terciaria - SNET es el camino para una Colombia más incluyente, competitiva y equitativa": Gina Parody - Ministerio de Educación Nacional de Colombia. Recuperado el 6 de julio de 2016, a partir de http://www.mineducacion.gov.co/1759/w3-article-357154.html

Misas, G. (2004). *La educación superior en Colombia: análisis y estrategias para su desarrollo* (1. ed). Bogotá, D.C., Colombia: Universidad Nacional de Colombia.

Moncada, J. S. (2011). *Modelo educativo basado en competencias.* México: Editorial Trillas.

Mounier, E. (2002). *El personalismo: antología esencial.* Salamanca: Sígueme.

OCDE. (2004). La Definición y Selección de Competencias Clave - Resumen ejecutivo. Organización para la Cooperación y el Desarrollo Económico (OCDE). Recuperado a partir de http://comclave.educarex.es/pluginfile.php/130/mod_resource/content/3/DESECO.pdf

OCDE, & Banco Mundial. (2013). *Evaluaciones de Políticas Nacionales de Educación la educación superior en Colombia*

2012. Paris: Organización para la Cooperación y el Desarrollo Económico (OCDE). Recuperado a partir de http://dx.doi.org/10.1787/9789264180710-es

OECD. (2013). *Synergies for better learning: an international perspective on evaluation and assessment.* Organisation for Economic Co-operation and Development. Recuperado a partir de http://dx.doi.org/10.1787/9789264190658-en

OIT. (2005). *La nueva Recomendación 195 de la OIT: Desarrollo de los recursos humanos: educación, formación y aprendizaje permanente, XXXVII Reunión de la Comisión Técnica CINTERFOR/OIT, República Dominicana, 19 al 21 de octubre de 2005.* Montevideo: OIT.

OIT. (2009). *Learning from the First Qualifications Frameworks.* Geneva: International Labour Organization. Recuperado a partir de http://search.ebscohost.com/direct. asp?db=sih&jid=B56T&scope=site

Piaget, J. (1985). *Seis estudios de psicología.* Barcelona: Planeta-Agostini.

Servicio Nacional de Aprendizaje. (2016). World Skills - SENA. Recuperado el 27 de octubre de 2016, a partir de http:// worldskills.sena.edu.co/

Suárez Díaz, R. (1980). *La educación: su filosofía, su psicología, su método.* México: Editorial Trillas.

Viceministerio de Educación Superior. (2016, mayo). Documento de Lineamientos de Política Pública: Sistema Nacional de Educación Terciaria (versión preliminar). Ministerio de Educación Nacional. Recuperado a partir de http://

aprende.colombiaaprende.edu.co/ckfinder/userfiles/
files/2_DPP%20SNET_Version%20Preliminar.pdf

Vygotski, L. S. (1995). *Pensamiento y lenguaje.* Barcelona: Paidós
Ibérica.

Wenger, E. (2001). *Comunidades de práctica: aprendizaje, significado
e identidad.* Barcelona: Paidós.

Winter, R., & Maisch, M. (1996). *Professional competence and higher
education: the ASSET programme.* London; Washington,
D.C.: Falmer Press.

World Skills. (2016). WorldSkills Standards Specifications.
Recuperado el 27 de octubre de 2016, a partir de https://
www.worldskills.org/what/education-and-training/wsss/

Apéndice A
Encuesta de Estudiantes

COD	PREGUNTA
P1	¿Existen criterios para evaluar unificadamente los aprendizajes de los estudiantes en la Institución?
P2	¿Existe en la Institución un Modelo de Evaluación Institucional sobre el aprendizaje de los estudiantes?
P3	¿La Institución necesita de instrumentos unificados para evaluar a los estudiantes?
P4	¿La comunidad en general de la Institución está satisfecha con la evaluación de aprendizajes de los estudiantes de los programas de educación superior?
P5	¿Percibe acaso Usted que en la Institución cada profesor tiene redactadas unas competencias en los syllabus que no están unificadas, armonizadas o integradas con los syllabus de otros docentes?
P6	¿La información sobre la evaluación en la Institución es suficientemente clara?
P7	¿Existe coherencia y congruencia entre la enseñanza-aprendizaje y la práctica evaluativa aplicada en la Institución?
P8	¿En la Institución existe claridad conceptual sobre las competencias?
P9	¿Ve necesario mejorar, completar o enriquecer el modelo de Evaluación de Aprendizajes de los estudiantes en la Institución?
P10	¿Ve oportuno que en la comunidad educativa se pongan de acuerdo en el modelo de evaluación que se debe implementar de manera unificada?
P11	¿Percibe el interés entre los profesores de incorporar elementos innovadores que permitan la unificación del lenguaje en evaluación?
P12	¿En la Institución se percibe unidad de criterios frente a las competencias propias de cada una de las facultades?
P13	¿Ve pertinente en la Institución contar con un modelo de evaluación por competencias para evaluar los aprendizajes de los jóvenes de los programas de educación superior?
P14	¿Apoyaría al rector en el proceso de reflexión e implementación de un modelo de evaluación unificado y articulado para la Institución?

Apéndice B
Criterios para el Nivel Cuatro

Competencia específica	Uso Industrial de Controladores
El individuo tiene que saber y entender:	Las funciones, estructuras y principios de funcionamiento de los PLC's (Automatismos) Opciones de configuración de los controladores industriales. Los métodos por los cuales el software se relaciona con las acciones de la maquinaria.
El individuo será capaz de:	Conectar un PLC a un sistema mecatrónico. Realizar las configuraciones básicas de un PLC. Cablear un PLC junto con el circuito de potencia asociado para la operación correcta.

Competencia específica	Software y Programación
El individuo tiene que saber y entender:	Las aplicaciones del software en el entorno industrial. Diferentes etapas de aplicación de software en los sistemas mecatrónicos.
El individuo será capaz de:	Emplear programas para la operación de un sistema mecatrónico. Comprender el flujo de procesos visualizados a través del software. Realizar programas básicos de PLC donde reciba señales digitales y analógicas provenientes de sensores industriales.

Competencia específica	Diseño de Circuitos
El individuo tiene que saber y entender:	Principios y aplicaciones de física eléctrica que rigen el diseño de circuito Los métodos para el diseño y montaje de circuitos eléctricos en los sistemas de la máquina y del controlador. Nomenclatura y simbología estándar de circuitos eléctricos y electrónicos. Manipulación de instrumentos de medición de variables eléctricas y electrónicas.
El individuo será capaz de:	Interpretar planos de circuitos eléctricos y electrónicos. Implementar circuitos eléctricos y realizar montajes de acuerdo a planos y diagramas. Simular circuitos electrónicos utilizando herramientas de software.

Competencia específica	Análisis, puesta en marcha y mantenimiento
El individuo tiene que saber y entender:	Criterios y métodos para pruebas de equipos. Técnicas de análisis para la detección de fallos Técnicas de reparación de equipos y sistemas. Estrategias para la resolución de problemas. Principios y aplicaciones de Mantenimiento Productivo Total (TPM)
El individuo será capaz de:	Realizar pruebas a módulos individuales y sistemas mecatrónicos complejos Revisar etapas individuales del proceso de montaje de bajo criterios técnicos establecidos. Encontrar fallas en un sistema mecatrónico usando técnicas analíticas adecuadas. Realizar la reparación de componentes de forma eficiente. Realizar la puesta a punto de cada módulo que componga un sistema mecatrónico. Realizar la demostración técnica y funcional de los equipos al cliente y resolver las dudas que éste le presente.
Competencia específica	Ingeniería de procesos de fabricación
El individuo tiene que saber y entender:	Interpretación de esquemas y planos en ingeniería (normas ISO). Terminología y símbolos utilizados en los dibujos de ingeniería y especificaciones. Procesos de producción de piezas por medio de máquinas herramientas como fresado, torneado y rectificado. Criterios de selección de velocidades de trabajo para operar maquinas herramientas. Tipos y características de los principales materiales utilizados en la industria de fabricación. (Ferrosos y No Ferrosos). Ventajas de la fabricación con sistemas de Control Numérico Computarizado.
El individuo será capaz de:	Realizar el levantamiento de un plano de pieza para su fabricación. Interpretar correctamente un plano de ingeniería y realizar fabricaciones básicas empleando procesos de torneado, fresado y rectificado. Inferir la necesidad de procesos de fabricación específicos para casos particulares.
Competencia específica	Principios del ensamblaje de maquinaria
El individuo tiene que saber y entender:	Principios y operación de sistemas mecánicos y mecanismos. Principios de aplicación de la neumática en la planta de fabricación. Procedimientos de montaje de piezas de ingeniería comerciales o auto-fabricadas.

El individuo será capaz de:	Leer, interpretar y seguir las instrucciones del fabricante de piezas de ingeniería para su ensamble. Localizar y diagnosticar fallas en la maquinaria a cargo. Explicar los fallos de mecanismos a otros profesionales y describir posible causa. Encontrar y aplicar soluciones innovadoras tras encontrar fallas en sistemas mecánicos. Proporcionar asesoría y orientación sobre el uso y mantenimiento de instalaciones de ingeniería y maquinaria para evitar o minimizar los fallos futuros.
Competencia específica	**Principios eléctricos y sistemas de control y automatización de la planta**
El individuo tiene que saber y entender:	Principios de cableado eléctrico en la automatización y sistemas de control por PLC. Uso de controladores lógicos programables en la automatización y el proceso de fabricación. Principios de la electricidad y su uso en un entorno de fabricación. Montaje de elementos de máquina en proyectos de automatización Fallas comunes y debilidades de los sistemas automatizados.
El individuo será capaz de:	Realizar el montaje de sistemas automatizados en plantas de producción. Cablear tableros de control en baja tensión para sistemas automatizados. Recomendar posibilidades de automatización de procesos. Reparar fallas menores en sistemas automatizados. Realizar pruebas de funcionamiento a sistemas automatizados incluyendo actuadores y sistemas de control.
Competencia específica	**Desarrollo de sistemas mecatrónicos**
El individuo tiene que saber y entender:	Principios de montaje y puesta en marcha de sistemas mecatrónicos. Componentes y funciones de sistemas hidráulicos. Componentes y funciones de sistemas eléctricos y electrónicos. Aplicaciones derivadas de estos sistemas. Componentes y aplicaciones de los sistemas de robótica industrial. Componentes y Funciones de los sistemas PLC. Principios de diseño y montaje de sistemas mecánicos incluyendo neumática.

El individuo será capaz de:	Identificar y resolver incertidumbres técnicas específicas en textos escritos.
	Procurar el buen funcionamiento de un sistema mecatrónico dentro de parámetros específicos.
	Realizar el montaje de máquinas de acuerdo a la documentación adjunta.
	Realizar el cableado y red de tuberías de acuerdo al estándar de la industria.
	Instalar, configurar y ajustar mecanismos, sistemas eléctricos y de sensores de acuerdo a las necesidades del proceso.
	Emplear bajo normas técnicas y documentación técnica equipos auxiliares y PLC's.

Competencia específica	Habilidades de comunicación interpersonal
El individuo tiene que saber y entender:	El alcance y efectos de la documentación, tanto en papel como en formato electrónico.
	El lenguaje técnico asociado con la especialidad desempeñada.
	Los estándares requeridos para la presentación de informes de rutina y excepción en forma oral, escrita y electrónica
	Los estándares requeridos para la comunicación con los clientes, los miembros del equipo y otros.
	Los propósitos y técnicas para generar, mantener y presentar los registros
El individuo será capaz de:	Leer, interpretar y extraer los datos técnicos e instrucciones para la documentación en cualquier formato disponible.
	Comunicar por medios orales, escritos y electrónicos para garantizar la claridad, la eficacia y la eficiencia.
	Utilizar una gama amplia de las tecnologías de comunicación.
	Discutir los principios técnicos complejos y aplicaciones con los demás.
	Realizar informes completos y responder a las cuestiones y preguntas que surjan.
	Responder a las necesidades de los clientes cara a cara e indirectamente.
	Recopilar información y preparar documentación requerida por el cliente.

Competencia específica	Organización del Trabajo y Gestión
El individuo tiene que saber y entender:	Principios y aplicaciones de seguridad industrial en general y específicos de la ingeniería. Los propósitos, usos, cuidado y mantenimiento de todos los equipos y materiales, así como sus implicaciones para la seguridad. Principios ambientales, de seguridad y su aplicación para mantener un buen entorno laboral. Principios y métodos para la organización del trabajo, el control y la gestión. Principios de trabajo en equipo y sus aplicaciones. Habilidades personales, fortalezas y necesidades que se relacionan con las funciones, responsabilidades y deberes de otros individual y colectivamente. Los parámetros en los que las actividades deben ser programadas.
El individuo será capaz de:	Preparar y mantener un área de trabajo segura, ordenada y eficiente. Mantener un cronograma de tareas que incluya aspectos de salud y seguridad en el trabajo. Administrar su horario de trabajo para maximizar la eficiencia y minimizar la interrupción. Seleccionar y utilizar todos los equipos y materiales de manera segura y de acuerdo con las instrucciones del fabricante. Aplicar estándares de salud y seguridad del medio ambiente, equipos y materiales. Restaurar el área de trabajo a un estado y condición adecuada. Contribuir al rendimiento del equipo, tanto en términos generales como específicos. Recibir retroalimentación y generar aprendizaje a partir de ésta.

Apéndice C
Propuesta de Criterios de Evaluación para los Niveles Cinco y Seis

Competencia específica	Uso Industrial de Controladores	
	Nivel Tecnológico 5	**Nivel Ingeniería 6**
El individuo tiene que saber y entender:	Funciones lógicas, booleanas y matemáticas aplicables en la programación de PLC's. Principios de programación por lista de instrucciones y lenguaje ladder. Configuración de PLC's con módulos de expansión de E/S. Acoples de potencia requeridos en la automatización de procesos con PLC's.	Comunicaciones industriales que le permitan integrar PLC's a una red industrial. Modelos de supervisión de operaciones industriales en red. Diseño de sistemas mecatrónicos que integren controladores lógicos programables.
El individuo será capaz de:	Realizar programación de complejidad media de controladores lógicos programables que permitan la automatización de procesos industriales. Incorporar PLC's como herramientas de conversión tecnológica que optimicen procesos repetitivos. Realizar cableados de tableros de control que integren PLC's y sus respectivas conexiones de potencia.	Diseñar y gestionar el montaje de sistemas mecatrónicos controlados por PLC's. Integrar soluciones industriales con posibilidades de gestión por redes CAN, SCADA y Ethernet. Supervisar procesos industriales manejados por PLC's a través de redes industriales.

Competencia específica	Software y Programación	
	Nivel Tecnológico 5	**Nivel Ingeniería 6**
El individuo tiene que saber y entender:	Diferentes posibilidades de optimización de procesos por medio del uso de herramientas CAD, CAM y desarrollo de software industrial. Lógica de trabajo y programación generalizada que le permitan movilidad frente a las diferentes opciones comerciales de software.	El manejo de herramientas específicas de diseño mecánico, eléctrico y electrónico, CAD. Traducción de diseños y prototipos desarrollados con asistencia de software a sistemas de Manufactura, CAM. Diseño de sistemas neumáticos e hidráulicos asistidos por software. Programación y desarrollo de nuevo software para la supervisión de procesos de acuerdo a las necesidades del cliente y/o proyecto.
El individuo será capaz de:	Proponer mejoras en los procesos basado en el empleo de herramientas de software industrial. Realizar tareas de supervisión de sistemas mecatrónicos por medio de software sin limitantes de marca o fabricantes. Operar y programar PLC's basado en una lógica de programación adaptable a los cambios de versión, fabricante o sistemas operativos.	Optimizar procesos empleando herramientas de software. Desarrollar sistemas de supervisión y manipulación de sistemas mecatrónicos empleando redes industriales y Ethernet. Incorporar nuevas tecnologías a los sistemas basados en PLC's que permitan la descentralización de la supervisión de procesos. Incorporar software que posibilite la integración de tendencias tecnológicas como fabricación digital e Internet de las cosas a la industria.

Competencia específica	Diseño de Circuitos	
	Nivel Tecnológico 5	**Nivel Ingeniería 6**
El individuo tiene que saber y entender:	Diferencias, alcances y limitaciones de los circuitos analógicos y digitales. Normatividad y regulaciones técnicas que rigen el diseño e implementación de circuitos eléctricos. Métodos de manipulación y acondicionamiento de señales electrónicas para entornos industriales.	Los modelos matemáticos que caracterizan el comportamiento de los principales dispositivos eléctricos y electrónicos. Normatividad nacional e internacional que determinen estándares mínimos de calidad y seguridad en el desarrollo e implementación de circuitos. Implementación de señales estandarizadas para el control de procesos por medio de PLC's, software o sistemas micro controlados.
El individuo será capaz de:	Interpretar y analizar resultados obtenidos con diferentes instrumentos de medición de variables eléctricas. Diseñar circuitos electrónicos para lograr el acondicionamiento y transmisión de señales bajo el estándar industrial. Obtener mejoras y optimizar circuitos con base en el análisis de resultados simulados. Detectar fallas y vacíos transitorios desde la revisión del circuito como del análisis de sus diferentes simulaciones.	Desarrollar soluciones eléctricas y electrónicas que respondan a necesidades domésticas e industriales. Optimizar circuitos eléctricos con base en el modelado matemáticos de los sistemas. Diseñar y llevar a cabo proyectos que requieran de sistemas electrónicos de control y potencia acoplados.

Competencia específica	Análisis, Puesta en Marcha y Mantenimiento	
	Nivel Tecnológico 5	**Nivel Ingeniería 6**
El individuo tiene que saber y entender:	Los focos de pérdida que se encuentran ligados, directa e indirectamente, a los procesos de mantenimiento de una empresa determinada. La implicación de las tareas de mantenimiento en la etapa productiva de una empresa. El efecto de la puesta a punto en el rendimiento de un sistema mecatrónico. Gestión del tiempo laboral del personal de mantenimiento a cargo para lograr el máximo rendimiento en las tareas preventivas y la disminución de eventos correctivos.	Conceptos y diferencias entre las corrientes de Mantenimiento Productivo Total (TPM) y el Mantenimiento Centrado en la Confiabilidad (RCM). Análisis de fallas de sistemas y maquinaria. Métodos de Mantenimiento predictivo.
El individuo será capaz de:	Administrar y liderar un equipo de mantenimiento preventivo y correctivo. Optimizar el funcionamiento de la maquinaria mediante el análisis y la resolución de problemas. Aplicar criterios técnicos que ayuden a programar mantenimientos evitando eventos correctivos. Renovar continuamente los criterios de mantenimiento de acuerdo a características propias del proceso o de la dinámica interna de la empresa.	Aplicar criterios de mantenimiento de distintas corrientes con el fin de crear un plan de mantenimiento óptimo para la empresa. Programar y gestionar labores de mantenimiento coordinado con el departamento productivo de la empresa. Crear programas de mantenimiento predictivo con base en la experiencia y dinámica propia de cada empresa. Generar aprendizaje y proporcionar entrenamiento al equipo con el fin de mantener un alto estándar en las capacidades del personal a cargo.

Competencia específica	Ingeniería de Procesos de Fabricación	
	Nivel Tecnológico 5	**Nivel Ingeniería 6**
El individuo tiene que saber y entender:	La clasificación de los diferentes procesos de manufactura y sus respectivas cualidades y dificultades Propiedades físicas y químicas de los materiales. Tiempos de trabajo y costos relacionados a los procesos de fabricación.	Las implicaciones de costos de diferentes variables en los procesos de fabricación. Alternativas tecnológicas de producción como los sistemas CNC y la fabricación digital. Criterios de certificación de calidad en los procesos de fabricación.
El individuo será capaz de:	Seleccionar bajo criterios específicos los materiales a emplear durante un proceso de fabricación. Seleccionar bajo criterios técnicos los procesos de fabricación a emplear. Dirigir un equipo de producción eficiente bajo los parámetros de producción y seguridad industrial. Optimizar los procesos de fabricación balanceando costos y calidad respetando variables de producción como velocidades de corte, avances y afilado de herramienta.	Desarrollar e implementar sistemas productivos que optimicen los procesos de producción. Gestionar la certificación de calidad con criterios objetivos basado en la ejecución óptima de los procesos de fabricación.

Competencia específica	Principios del Ensamblaje de Maquinaria	
	Nivel Tecnológico 5	Nivel Ingeniería 6
El individuo tiene que saber y entender:	Principios de administración de inventarios de ingeniería con proyección al mantenimiento preventivo y correctivo de maquinaria. Procedimientos de montaje de piezas de acuerdo a los requisitos de los sistemas a intervenir. Criterios claros en la selección de ajustes y tolerancias de las piezas mecánicas.	La dinámica de los diferentes elementos de máquina fundamentales en los mecanismos de mayor aplicación en la industria. Alternativas neumáticas e hidráulicas que le permitan mayor versatilidad al brindar soluciones a problemas de ensamblaje de maquinaria.
El individuo será capaz de:	Orientar al personal técnico en la selección de piezas de catálogos comerciales o la fabricación de repuestos por propia cuenta. Analizar los fallos y determinar un curso de solución que garantice la no recurrencia de los mismos. Diagnosticar y brindar alternativas de solución a fallos de complejidad media que requieran mayor nivel de conocimientos técnicos.	Brindar soluciones a procedimientos de ensamblaje de maquinaria que garanticen eficiencia en el proceso. Minimizar la ocurrencia de fallos en los procesos de ensamblaje a partir del aprendizaje obtenido en la corrección y diagnóstico de fallos del pasado.

Competencia específica	Principios Eléctricos y Sistemas de Control y Automatización de la Planta	
	Nivel Tecnológico 5	Nivel Ingeniería 6
El individuo tiene que saber y entender:	Principios de diseño de tableros de control para sistemas de automatización. Aplicación de controladores lógicos programables en el diseño de sistemas de automatización.

Gestión de procesos de ensamble y puesta en marcha de sistemas automatizados desde cero o parciales. Detección de fallas comunes y alternativas para compensar debilidades en los sistemas automatizados. | Una amplia gama de tecnologías de automatización que integren la neumática, hidráulica, mecánica y robótica para generar soluciones en automatización. Esquemas de comunicación industrial que optimicen los procesos de automatización.

Sobre desarrollo de software embebido en los controladores que proporcione versatilidad y flexibilidad a los sistemas automatizados.

Alternativas de interface Hombre-Máquina que simplifiquen el entendimiento por parte de los operarios a quienes se dirigen los desarrollos de automatización. |
| El individuo será capaz de: | Brindar orientación al personal técnico en el montaje de sistemas automatizados en plantas de producción. Diseñar tableros de control de acuerdo a parámetros específicos de variables, entradas y salidas de un sistema automatizado. Diagnosticar y corregir fallas de mayor complejidad técnica en sistemas automatizados. Analizar resultados reportados de pruebas de funcionamiento de sistemas automatizados. | Integrar soluciones de automatización para diferentes procesos en una planta industrial.

Diseñar parcial o completamente sistemas automatizados para la industria. Dirigir los procesos de montaje de sistemas mecatrónicos destinados a la automatización de procesos.

Optimizar procesos automatizados a partir de la integración de nuevos y/o alternativos sistemas mecatrónicos. |

109

Competencia específica	Desarrollo de Sistemas Mecatrónicos	
	Nivel Tecnológico 5	Nivel Ingeniería 6
El individuo tiene que saber y entender:	Principios de diseño y métodos de optimización de un sistema mecatrónico. Comportamiento específico de sistemas hidráulicos. Comportamiento específico de sistemas eléctricos y electrónicos en estado estable y transcientes. Comportamiento específico de sistemas neumáticos. Aplicaciones derivadas de la integración de los sistemas. Métodos de control de sistemas robóticos industriales. Programación básica de sistemas controlados por PLC's.	Fundamentos físicos y matemáticos sobre métodos de optimización en ingeniería. Análisis del comportamiento específico de elementos mecánicos, hidráulicos y neumáticos susceptibles al control. Métodos de compensación de señales industriales en entornos de elevado ruido eléctrico. Efectos sobre la red eléctrica de las cargas típicas de un sistema mecatrónico y opciones de compensación. Métodos de control aplicado en robótica industrial. Programación avanzada y multiplataforma de PLC's.
El individuo será capaz de:	Dirigir procesos de montajes de maquinaria. Supervisar programas de mantenimiento de sistemas mecatrónicos. Gestionar la correcta instalación de tubería y cableado industrial de acuerdo a normas técnicas vigentes. Programar y entender programación de PLC's que comanden sistemas mecatrónicos. Configurar y calibrar sensores para la puesta a punto de maquinaria.	Proponer soluciones industriales que integren sistemas mecatrónicos. Diseñar sistemas mecatrónicos y orientar un equipo técnico y tecnológico en su desarrollo y puesta en marcha. Realizar procesos de optimización en sistemas mecánicos, hidráulicos, neumáticos, eléctricos y electrónicos con base en teorías matemáticas y análisis de resultados.

Competencia específica	Habilidades de Comunicación Interpersonal	
	Nivel Tecnológico 5	Nivel Ingeniería 6
El individuo tiene que saber y entender:	La importancia de ordenar y clasificar informes de acuerdo a la prioridad operativa y administrativa. Diferentes métodos de representación gráfica para la presentación de información recopilada en los informes técnicos que le permitan comunicar los datos prioritarios de la operación. Lenguaje técnico formal que describa claramente las técnicas, procesos, equipos y resultados que le permitan una comunicación eficiente con el personal del departamento técnico, otros departamentos y personal externo a la empresa.	La necesidad de dividir en etapas la exposición de un proyecto de modo que logre una comprensión plena por parte del equipo a dirigir. El manejo de terminología especializada para transmitir con seguridad las ideas, minimizando las ambigüedades y facilitando la comprensión tanto para su equipo de operaciones como para los demás departamentos de la empresa. Los principios que rigen los fenómenos predecibles e impredecibles inherentes al proceso o proyecto que se pretende desarrollar. Diferencias primordiales de escritura y redacción de textos formales de tipo descriptivo, analítico, argumentativo, informes y presentación de resultados. Lenguaje técnico en un segundo idioma que le permita la lectura comprensiva de hojas de datos, fichas técnicas, manuales de usuario y recibir asistencia técnica especializada. (Principalmente inglés)

El individuo será capaz de:	Analizar informes de rutina y de excepción para generar conclusiones objetivas del rendimiento del área técnica, así como la determinación de responsabilidades y oportunidades de mejora. Comunicar los resultados de su área encargada a instancias superiores en el organigrama laboral realizando las aclaraciones oportunas del leguaje técnico para lograr la máxima comprensión. Comunicar con claridad los planes de trabajo por jornada y por etapa previo al desarrollo del proyecto de modo que todo el personal a cargo comprenda completamente sus funciones, alcances y limitaciones. Sustentar de forma verbal y/o en campo la información emitida de forma escrita o por medios tecnológicos cuando sea pertinente.	Comunicar con claridad las diferentes etapas de un proyecto tanto a profesionales afines a la ingeniería como de otras especialidades. Argumentar con claridad los puntos clave del quehacer propio de la especialidad técnica, tecnológica e ingenieril antes, durante y después de la ejecución de un proyecto. Producir textos escritos donde comunique efectivamente la evolución del proyecto, análisis de resultados y proyecciones formales sobre una actividad propia de la ingeniería mecatrónica a diferentes departamentos de la empresa. Interpretar y aplicar información de equipos y dispositivos de acuerdo a sus hojas de características y manuales de usuario escritos en idioma extranjero. (Principalmente Ingles) Solicitar y recibir asistencia técnica especializada en idioma diferente al nativo (Principalmente Ingles) con la capacidad de generar capacitación directa para el personal a cargo.

Competencia específica	Organización del Trabajo y Gestión	
	Nivel Tecnológico 5	**Nivel Ingeniería 6**
El individuo tiene que saber y entender:	Riesgos y limitaciones en la ejecución de tareas concernientes al proceso directo de la actividad propia de la empresa y de los procesos de mantenimiento de equipos involucrados. Principios de coordinación de tiempos y movimientos para la asignación de tareas rutinarias, paradas predecibles y cambios en el personal a cargo. La posibilidad de existencia de alteraciones impredecibles en la ejecución de funciones y opciones de compensación que permitan recuperar el normal desarrollo de la actividad laboral en el menor tiempo posible. Aspectos fundamentales de ley laboral vigente.	La incidencia de plazos y costos en la planeación de un proyecto nuevo y en la formulación de cambios sobre la marcha, debida situaciones imprevisibles. Las implicaciones contextuales del proyecto como variables a tener en cuenta tanto en la formulación, como durante la ejecución y su incidencia frente a la consecución de los objetivos planteados. La complejidad y el detalle de habilidades técnicas y tecnológicas requeridas por el personal a cargo con el fin de prever necesidades de capacitación y mantener claridad sobre los perfiles profesionales requeridos para cada tarea bajo su responsabilidad. Detalles de ley laboral relevantes para el tipo de actividad a desarrollar por su personal a cargo y antecedentes legales significativos.

| El individuo será capaz de: | Orientar al personal técnico en la ejecución de sus labores incluyendo la correcta operación de equipos buscando la conservación y cuidado de la salud de su equipo de trabajo y los activos a su cargo. Supervisar y dar la respectiva retroalimentación frente a la ejecución de labores técnicas del personal a cargo en lo concerniente al aprovechamiento de la jornada laboral dentro de los parámetros de ley laboral. Evaluar el rendimiento del equipo y determinar factores clave para su mejoramiento. | Realizar la formulación de proyectos incluyendo perfiles claros del personal técnico y tecnólogo requerido para su desarrollo. Definir la asignación de responsabilidades de acuerdo a un principio objetivo y profesional entendiendo la responsabilidad compartida que esto conlleva.

Liderar un equipo con profesionalismo cuyo objetivo principal sea compartido por todos sus integrantes. Resolver con dinamismo las dificultades que surjan a partir de situaciones imprevisibles y generar un conocimiento para evitarlas o subsanarlas de manera óptima en futuras ocasiones. |

Fuente: Elaboración propia

Printed in the United States
By Bookmasters